CB142979

Juscelino Kubitschek

JK

Juscelino Kubitschek

O PRESIDENTE BOSSA-NOVA

EDITORA GLOBO

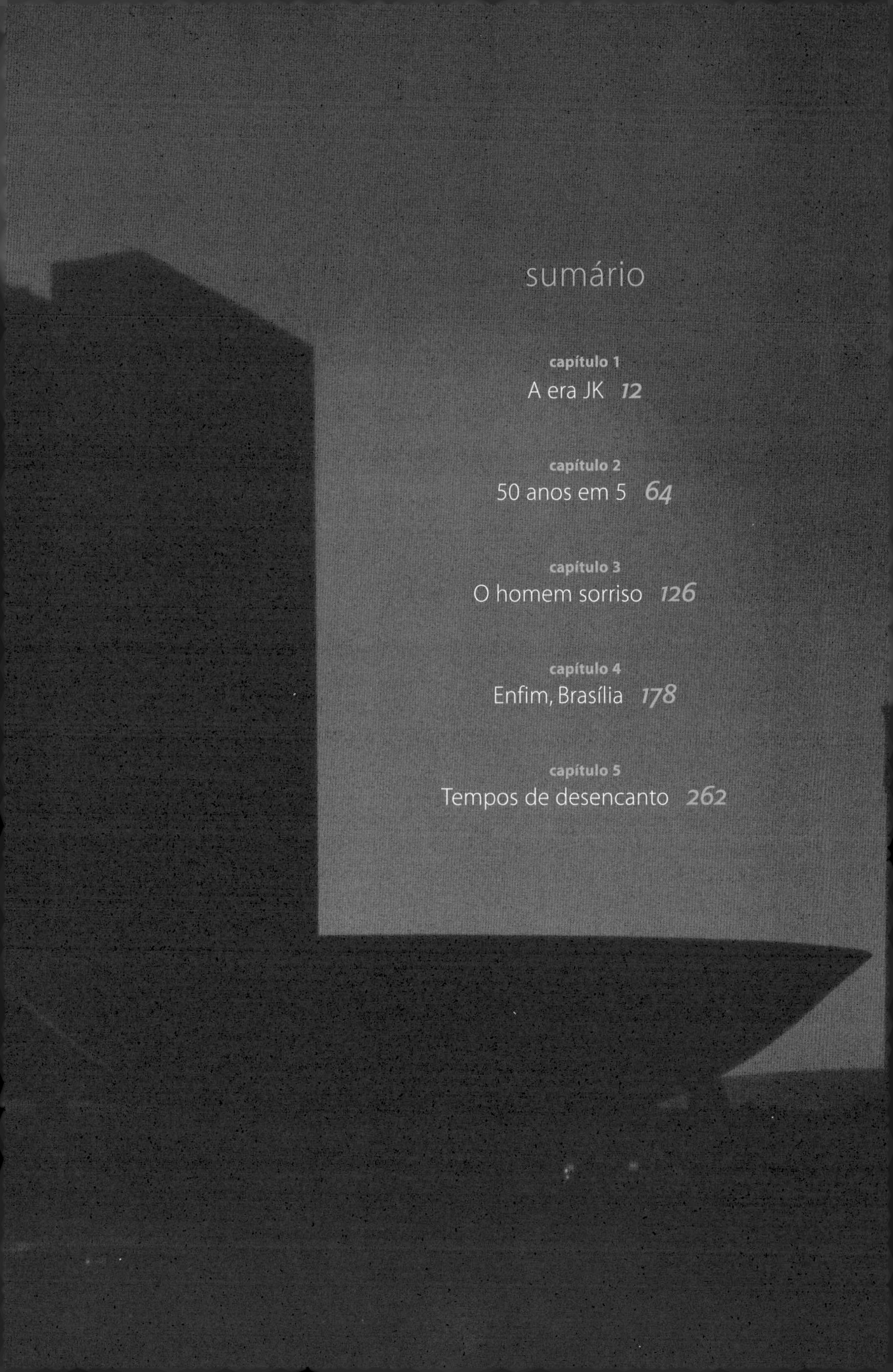

sumário

O homem que sonhava n

Quem foi JK, o presidente da República que governou o Brasil nos anos 50? Foi um médico dedicado que fez do ofício de salvar vidas sua principal catequese, mas não resistiu ao apelo da política, largou o bisturi e com as duas mãos abraçou a vida pública, tornando-se prefeito, deputado, governador, senador.

Foi também um menino pobre que nasceu na vila mais rica do país, na época da corrida do ouro – Diamantina. Privado do convívio com o pai desde muito cedo, colheu pepitas de otimismo e perseverança no chão que pisou descalço, estudou com afinco a infância toda e, quando adulto, embrenhou-se sertão adentro, até fincar no Planalto Central as fundações da nova capital que queria dar ao Brasil: era uma promessa a um dos seus eleitores, no primeiro comício como candidato à presidência – e a cumpriu.

futuro

Mais que tudo, JK foi um homem idealista, inteligente, charmoso e envolvente, que carregou nos ombros, ao longo de 73 anos, um dos capítulos mais criativos e ricos da nossa história – aquele em que nunca houve tanta geração de emprego e impulso ao crescimento. JK conduziu a nação numa época em que todos – ricos e pobres – tinham a sensação de que o Brasil ia dar certo. E se as manobras de desestabilização, os conchavos e conluios marcaram seu governo, ao lado de uma inflação desgovernada já no final do mandato, até hoje JK é sinônimo de empreendedorismo e democracia, desenvolvimento econômico e explosão cultural.

Não houve outro presidente que pensasse o Brasil de maneira tão grandiosa e que tenha realizado tanto em tão pouco tempo. Ele não se abalava diante das dificuldades: tomava as rédeas e resolvia os problemas. Além disso, era um homem culto, agregador. Tinha trânsito tão bom entre a elite quanto entre a população mais humilde, e conseguia unir as pessoas em torno dos seus objetivos. Lançou o Brasil no rumo da modernidade, melhorou a qualidade de vida de uma parcela importante da população e, com Brasília, incentivou a ocupação do interior do país.

Daquela época, tenho minhas lembranças de adolescente. Lembro-me do golpe de 1955, porque fomos dispensadas da aula e havia

muitos tanques nas ruas. Outra lembrança que tenho é que ficou muito mais fácil para nós, da classe média baixa, comprar os eletrodomésticos que, antes, só os ricos podiam ter – televisão, geladeira, enceradeira.

Era, de fato, uma época de muito otimismo: o Brasil ganhou a Copa de 1958, e o sonho de ter um automóvel e a casa própria foi se tornando cada vez mais viável.

Contar a vida deste homem e sua época, desde a infância pobre até a morte naquele trágico acidente na via Dutra, é descortinar uma trajetória que mudou, definitivamente, os rumos deste país. É desvendar dramas, conflitos e lances folhetinescos que poucos conhecem. É expor, dentre tantos jeitos mineiros de se fazer política, aquele, famoso, que sobrepõe a conversa ao confronto e ao uso da força, que dá preferência às palavras e às idéias, em prol de objetivos comuns, e recusa a mesquinharia e a fofoca. É, em suma, mostrar por que, para muitos, a era JK foi uma época tão culturalmente rica, que gerou oportunidades mais do que nunca e o consagrou nosso maior presidente.

Boa leitura,

Maria Adelaide Amaral

Maria Adelaide Amaral é autora da peça para teatro *Mademoiselle Chanel* e das minisséries para TV *Um só coração* e *JK*.

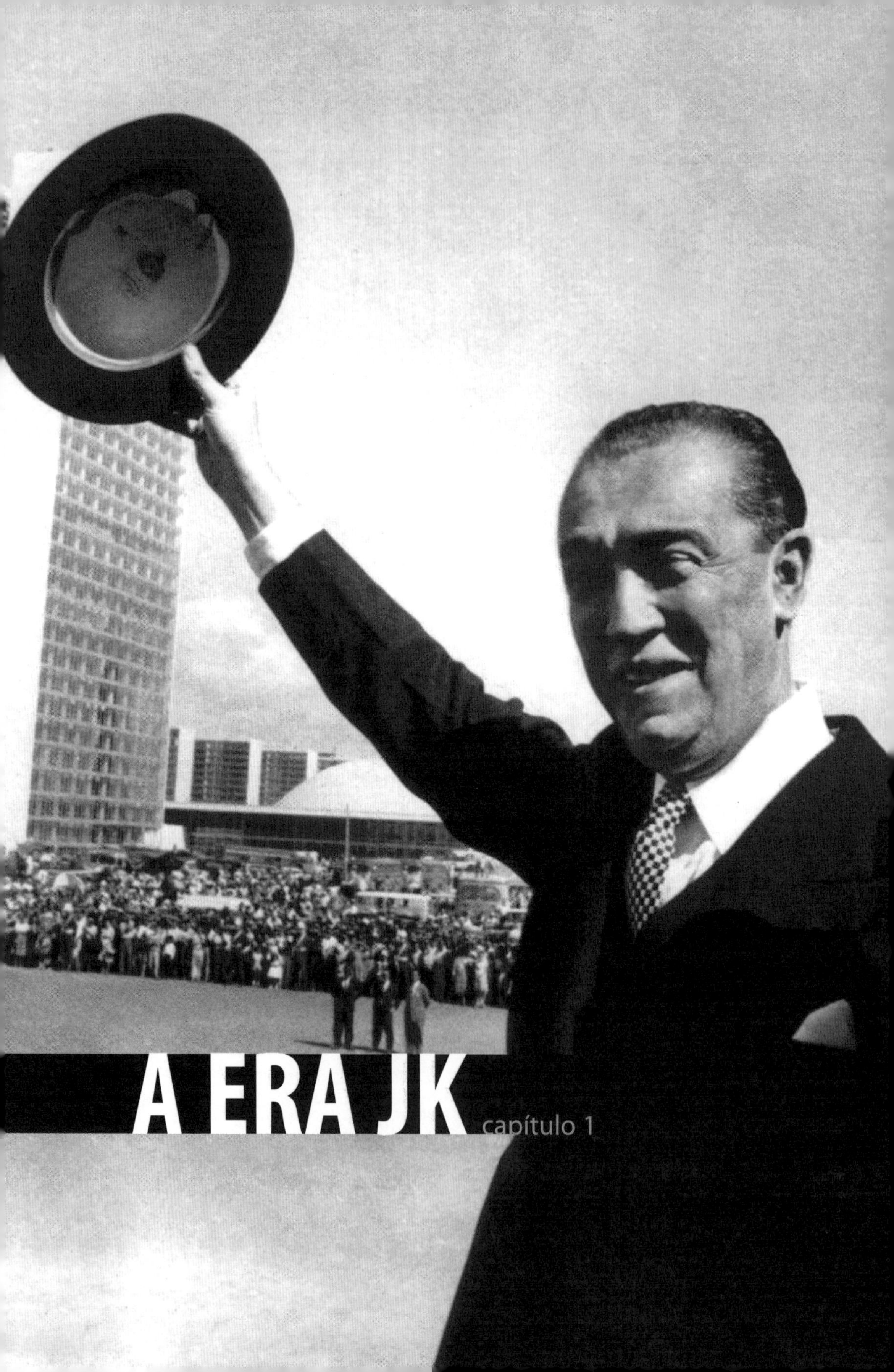

A ERA JK

capítulo 1

Tal como uma fênix, o planeta entrou nos anos 50 decidido a enterrar os horrores da guerra e a ameaça de um bumerangue atômico. Disposta ao sonho e à sedução, a humanidade abraçou a tecnologia e embarcou numa fantástica conquista do espaço e do tempo: equipou-se com os eletroeletrônicos mais dispensáveis, consumiu energia em forma de sucrilhos e investiu numa nova era de prazer, crescimento e onipotência. Era o revés do homem sobre a sua fragilidade e seus medos.

No Brasil, parte do território estava às escuras e muitos jagunços e roceiros ainda andavam descalços, por entre picadas abertas no sertão – esta porção desconhecida do país que chamuscava a identidade da nação e não lhe dava Norte.

Então, surgiu JK para dar a mão ao menino-gigante e embasbacar a todos: trouxe para o Planalto hostil a segurança do concreto armado e o agradável colorido do desenvolvimento. O Brasil tomou seu lugar na planta da nova capital federal – "um pássaro colossal cujo bater de asas incendiou a imaginação de todos" – e se encheu de ufanismo: ganhou a Copa do Mundo, fez as belas-letras ainda mais belas, o cinema pensar novo, a música ter bossa nova. E, de quebra, inventou a Garota de Ipanema para responder a quem perguntasse: "O que é que a baiana tem?"

Anos 50 – A era atômica dobra a esquina

Os dias que separam a manhã de 24 de agosto de 1954 – que chocou os brasileiros com a notícia do suicídio de Getúlio Vargas – e a data de 3 de outubro de 1955, que marcou a vitória de Juscelino Kubitschek nas eleições presidenciais, maturaram num barril de pólvora.

Liderada por Café Filho, presidente em exercício tão cardíaco quanto dúbio, a nação assistiu a sucessivos lances de um intricado jogo de xadrez, em que se opunham, inicialmente, a tese de uma candidatura representativa da "união nacional" e a articulação da aliança PSD-PTB, costurada com o apoio dos comunistas.

Havia cheiro de conspiração no ar – e os militares mais de uma vez entraram em ação para frear um suposto avanço do comunismo no país, arquitetado, segundo denúncias divulgadas pela imprensa em 1953, pelo ex-ministro do Trabalho, João Goulart, e o então presidente da Argentina, Juan Domingo Perón. Objetivo dessa secreta parceria: abrir caminho para a instituição de uma república sindicalista no Brasil, pavimentando-o com o contrabando de armas argentinas.

A conjectura não era totalmente descabida. Explica-se: com o fim da Segunda Guerra Mundial e a vigência da Guerra Fria, os países se alinhavam necessariamente à direita ou à esquerda. Não havia uma terceira via.

O cenário internacional se dividia, portanto, em dois blocos político-militares liderados pelas superpotências emergentes – os EUA e a URSS.

A disputa pela hegemonia mundial se fazia palmo a palmo: sob os auspícios da doutrina Truman – que pregava ser função dos Estados Unidos defender o mundo capitalista do perigo vermelho –, o governo norte-americano prestava ajuda militar e econômica às nações que repeliam a expansão comunista e insuflava a consolidação de ditaduras militares na América Latina. À Europa, por exemplo, o Plano Marshall, de auxílio econômico às nações capitalistas arrasadas pela guerra, resultou num aporte de US$ 13 bilhões.

Quanto à URSS, auxiliada pelo Exército Vermelho, desenvolveu uma política isolacionista – para si própria e para os países do Leste Europeu, transformados em satélites de Moscou –, que consistia em se fechar ao mundo atrás da chamada Cortina de Ferro.

Esse duelo de gigantes se deu no céu e na terra: a política norte-americana de contenção do comunismo implicou na participação da nação na Guerra da Coréia e do Vietnã e incendiou a temível corrida nuclear que assolou o mundo durante mais de três décadas: a partir de 1949, quando os soviéticos explodiram sua primeira bomba atômica, os Estados Unidos passaram a alocar recursos, esforços e tecnologia no Atol de Bikini, Pacífico, onde testaram novas armas nucleares. Em 1952, anunciaram sua primeira bomba de hidrogênio. Três anos depois, a URSS já tinha a dela.

Nessa época, a situação no planeta era tão tensa que a Guerra Fria desencadeou, na própria política interna norte-americana, o chamado macarthismo – onda de perseguição a supostos simpatizantes comunistas.

Enquanto isso, os Estados Unidos esticavam os tentáculos para ampliar sua área de influência política e ideológica por todo o bloco ocidental e acusavam um crescimento e uma voracidade econômica sem precedentes

Na Coréia, um duelo de gigantes que deixou um longo rastro de devastação atrás de si.

– e foi neste caldo bem temperado pelo capitalismo que se deram as eleições presidenciais de 1955 por aqui: alinhado com a ideologia norte-americana, o país sorveu a prosperidade das chamadas nações livres e fez do otimismo alheio – inspirado na produção em massa e no consumo de bens manufaturados – um caminho a ser trilhado.

JK foi quem deu o primeiro passo em nome do Brasil.

A SOCIEDADE DE MASSA BATE À PORTA

Verão de 1949. A explosão de uma bomba atômica russa coloca o mundo às avessas. O vilão do planeta – a nação-fantasma que se esconde atrás da Cortina de Ferro e da qual tão pouco se sabe – manda os Estados Unidos calarem a boca: eles não são os únicos detentores de *know-how* nuclear e nem só deles depende a preservação da espécie humana. Intensifica-se a corrida armamentista. O futuro range os dentes.

As conseqüências na terra de Tio Sam são as mais imprevisíveis: há quem se lance na prospecção mineral, em busca de urânio; há quem cave abrigos antiatômicos no fundo do quintal. O governo norte-americano, por sua vez, assiste, atônito e entusiasmado, a um incremento da taxa de produtividade, em torno de 2% ao ano, e ao consumo desenfreado de tudo quanto é bem de consumo: a casa própria, o carro na garagem, móveis de jardim e uma infinidade de outros artigos supérfluos que a mídia vende como promessa de um mundo melhor – *tupperwares*, discos-voadores de plástico, bonés, toca-disco portátil, produtos de beleza, secadores de cabelo e outros eletroeletrônicos de vanguarda, preferencialmente na cor da moda, o cor-de-rosa.

Eletroeletrônicos por toda a casa e carrões na garagem: nos anos 50, a sociedade se revela mais capitalista que nunca.

Sedução e consumo: imperativos importados

everything a man ever wanted!
a brand new look, cabana sets, walking shorts, hot-weather shirts, fast-drying nylon . . . everything with famous Jantzen fit! See the cabana set, far right, cool Sanforized cotton Honolulu-here-we-come shirt 5.95, boxer shorts 3.95 . . . far left, Bermuda walkers, British-cut, tailored like slacks, in Sanforized cotton gabardine 5.95 . . . deluxe nylon boxer swim shorts and marvelous "Nylastic" racers 4.95 . . . mesh tee shirts 2.95 . . . all these and more in the Jantzen line-up . . . at most stores.
TAN with JAN
Jantzen
Lastex-powered
swim trunks
sunclothes

Scientific tests prove Lucky Strike milder than any other principal brand!
These scientific tests, confirmed by independent consulting laboratory, prove Lucky Strike mildest of 6 major brands tested!
MARLENE DIETRICH says:
"I smoke a smooth cigarette—Lucky Strike!"
LUCKY STRIKE
CIGARETTES
L.S./M.F.T.
Let your own taste and throat be the judge! For the rich taste of fine tobacco — for smoothness and mildness . . .
THERE'S NEVER A ROUGH PUFF IN A LUCKY!
L.S./M.F.T. – Lucky Strike Means Fine Tobacco
So round, so firm, so fully packed—so free and easy on the draw

Lazer, informação e influência política: eis que a mídia descobre o consumidor.

Assim, às vésperas das eleições presidenciais brasileiras de 1955, o que impera no mundo capitalista, ao lado da paranóia nuclear, é o vôo nupcial dos meios de comunicação – a publicidade e a propaganda, em especial – em direção a uma sociedade de consumo particularmente sensível à aquisição e posse de um futuro promissor que faça contraponto à angústia diante do risco de um conflito atômico.

A palavra de ordem é rejubilar-se. E a sociedade de massa de tudo prova um pouco. Afinal, o racionamento da guerra está superado, enterrado no passado; e um conflito nuclear só ao futuro pertence. Aqui e agora, é preciso desfrutar da vida com intensidade. E ela desponta ao alcance da mão, prática, fácil, confortável como um bom eletrodoméstico. Alegre, reconfortante, como o despertar de um pesadelo.

Até mesmo a corrida espacial, que opõe Estados Unidos e União Soviética pela liderança na conquista do espaço, passa a ser associada à modernidade: a partir de então, a ficção científica e os temas espaciais inspiram o *design* dos carros norte-americanos, cujas linhas lembram foguetes, e os achocolatados e cereais matinais são apresentados como bólidos capazes de prover uma energia inimaginável ao corpo humano!

Da mesma forma, no mundo da moda, a alta-costura vive o seu apogeu com o chamado *new look* – um modo de se apresentar e de trajar totalmente novo e arrojado. Surgem grandes mestres como Cristóbal Balenciaga, Givenchy, Pierre Balmain e Nina Ricci, que transformam os anos 50 numa grande passarela de glamour e sofisticação. E despertam a mulher feminina e coquete, de cintura bem marcada, usando luvas e salto-agulha, peles e jóias.

Nos anos 50, a mulher moderna adota o padrão de beleza ditado por Hollywood

Grandes empresas, como Revlon, Helena Rubinstein e Elizabeth Arden, descobrem a publicidade, e um arsenal de produtos de beleza explode no mercado – rímel, lápis para os olhos e as sobrancelhas, delineador e sombra, loções alisadoras e fixadoras.

Mas se a sofisticação se impõe nas ruas de Paris, em Nova York e demais cidades norte-americanas avança a passos largos o fenômeno do *ready-to-wear* – o *prêt-à-porter* – e esta confecção em série, que democratiza o figurino e abre caminho para a moda jovem, simples e prática, se impõe como o grande filão dos anos 60.

Para seduzir, a mulher moderna busca a devastadora combinação de ingenuidade e sensualidade que caracteriza Brigitte Bardot e se inspira no estilo *femme fatale* de Rita Hayworth. Também prende os cabelos em coque ou num rabo-de-cavalo, em busca da jovialidade encarnada por Grace Kelly, e não hesita em copiar os hábitos do *jet set*, transformando artistas e personalidades de expressão em verdadeiros garotos-propaganda – lenços de seda Hermès no melhor estilo Audrey Hepburn; perfume Chanel nº 5 como Marilyn Monroe.

Enquanto isso, embalada ao som do *rock'n roll* – o ritmo que sacudiu os chamados *fifties* (os anos 50) em torno do fenômeno Elvis Presley –, a juventude norte-americana criava sua própria moda, o *sportswear*, inspirado no modelo colegial, saia rodada, calça cigarrette – de boca estreita e mais curta –, sapatilha, suéter ou jeans, e cultuava seus próprios astros do cinema: James Dean, o garoto rebelde de blusão de couro e jeans; Marlon Brando e sua inesquecível camiseta branca.

Dentre todos os bens de consumo, a rainha do lar é a televisão – onipo-

Rebeldia, contestação e rock.
Ao eleger seus novos astros,
o mundo questiona a guerra.

tente, onipresente. Em meados de 1959, de acordo com pesquisas, ela conversava em média seis horas por dia com o telespectador americano – de segunda a segunda. Em 1950, eram 3,1 milhões de aparelhos; em 1955, mais de 32 milhões. Capaz de vender qualquer coisa – prosperidade e confiança, conforto e praticidade, aspirador de pó e máquina de lavar louça –, ela contribuiu para a manutenção dos valores conservadores e das tradições: nos anos 50, a moda é casar cedo e ter filhos; ser boa dona-de-casa, esposa fiel e mãe dedicada. Para servir estes propósitos, o mercado lança fartura e pede consumo. E o mundo, embevecido, atende.

O Terceiro Mundo entre dois impérios

Às vésperas das eleições presidenciais de 1955, o cenário internacional ainda sofria sobressaltos e acomodações intermitentes: com a morte de Joseph Stalin, em 1953, e conseqüente ascensão de Nikita Kruschev, a rivalidade entre soviéticos e norte-americanos pelo controle de áreas de influência finalmente acolheu uma onda de calmaria maior, impulsionada pelo reconhecimento, por ambas as superpotências, do potencial letal do arsenal nuclear envolvido no conflito.

O surgimento de dezenas de novos Estados independentes na Ásia e na África também contribuiu para uma readequação do tabuleiro político internacional: o conceito de "Terceiro Mundo" e "países em desenvolvimento" viu, então, a luz do dia, ao agrupar todas as ex-colônias que haviam conquistado sua emancipação política em parte por causa do declínio internacional de potências como a França e a Grã-Bretanha, após a Segunda Guerra Mundial, e em parte em conseqüência do próprio fortalecimento

Stalin: o incendiário que colocou lenha na rivalidade entre EUA e URSS.

dos movimentos de libertação nacional dentro dessas nações. E viabilizou uma reordenação das forças políticas vigentes.

O primeiro grande movimento de descolonização, ocorrido ainda nos anos 40, libertou países asiáticos como a Índia, o Paquistão, a Birmânia, o Ceilão e a Indonésia. Na década seguinte, a onda se deslocou para a África, onde Gana, Quênia, Senegal e Congo Belga, entre outros, conquistaram sua independência.

O Brasil – e toda a América Latina, aliás – se incluía no conceito terceiro-mundista: ex-colônia emergente, a nação que JK governaria não ousou, porém, cortar as amarras tradicionais que sustentavam sua aliança com o "mundo ocidental", nem romper os supostos "laços especiais de amizade" que a uniam a Portugal.

O Oriente Médio num lamaçal político

Fortes emoções também agitavam o Egito, no início dos anos 50. Mal refeitos do vendaval político que sacudiu o país com o fim da dinastia de 148 anos que mantinha no governo, desde o Império Otomano, o albanês Mohamed Ali e seus descendentes, e exilou o rei Farouk, os egípcios ainda assistiram à ascensão da dupla militar Naguib-Nasser ao poder, em 1953.

Novos tempos se anunciavam no Oriente Médio. E novos problemas também: depois de assinar um acordo com os britânicos para que se retirassem da zona do Canal de Suez e colocar em prisão domiciliar o general Naguib, mentor da destituição do rei Farouk, Gamal Abdel Nasser decidiu nacionalizar, em 1956, o único canal que fazia ligação entre o Mediterrâneo e o Mar Vermelho e principal escoadouro de petróleo dos países árabes para a Europa.

Este foi o estopim para que França, Israel e Grã-Bretanha interviessem na área: em outubro de 1956, a península egípcia do Sinai foi ocupada por militares, numa clara manobra de interesse colonialista, obrigando o Conselho de Segurança da ONU a censurar os invasores, em 1956, e exigir sua pronta retirada da região. Somente em 1957, uma Força Internacional de Paz da ONU permitiu que o canal fosse reaberto.

Cuba: ebulição no Caribe

Em 1952, a Ilha de Fidel Castro pertencia mais do que nunca ao general Fulgencio Batista y Zaldívar, que havia acabado de dar um golpe de Estado para depor o presidente Carlos Prío Socorras, sob pretexto de que ele pretendia instalar uma ditadura no país.

O militar, por sua vez, foi banido do poder pelo movimento guerrilheiro liderado por Fidel Castro a partir de 1956.

Ao assumir o governo revolucionário, três anos mais tarde, o primeiro-ministro Fidel Castro chegou a ser aplaudido pelos Estados Unidos, mas as relações entre os dois países logo se deterioraram, em conseqüência da adoção de reformas socioeconômicas particularmente nefastas aos interesses norte-americanos na ilha. Por outro lado, num mundo assombrado pelos horrores imputados ao comunismo, Cuba passou a ser muito malvista ao dar início a um processo de aproximação econômica e política da URSS. E, depois da visita do vice-presidente soviético Anastas Mikoyan a Havana, em 1960, para assinar acordos de cooperação econômica e

Fidel Castro e Nasser: múltiplas facetas de um

Coube a Getúlio Vargas instituir as fundações de um projeto chamado Brasil.

comercial entre as duas nações, o desafio de manter a América Latina sob influência dos Estados Unidos passou a ser encarado como uma questão de absoluta prioridade.

Sucessivamente, as retaliações norte-americanas a Cuba assumiram proporções catastróficas, a começar pela tentativa fracassada de invasão da Baía dos Porcos, por parte de exilados cubanos apoiados pela CIA; o bloqueio econômico de Cuba decretado pela OEA em 1962; e a chamada Crise dos Mísseis, deflagrada no mesmo ano, que quase culminou com um confronto militar entre os Estados Unidos e a União Soviética.

O legado de Vargas

Às vésperas do governo JK, o Brasil se preparava para dar um grande estirão. Esta arrancada nacional, que coroou a industrialização do país, ainda hoje está associada à figura do ex-presidente mineiro, de tal forma que a ele se credita o mérito de ter mudado a cara do Brasil.

Por mais que fosse de conhecimento público que JK precisou enfrentar numerosos impasses e desafios importantes – inflação, endividamento externo, queda-de-braço com o FMI, risco de desaceleração da economia –, o crescimento sem par que a nação viveu nos anos 50 se deve, para a memória coletiva nacional, às decisões políticas que ele tomou em nome do desenvolvimento.

Essa era a grande meta: cunhar uma nova identidade brasileira, mais agressiva e arrojada, e lançar o país na modernidade.

Getúlio abandona o Brasil à própria sorte

"Mais uma vez, as forças e os interesses contra o povo coordenaram-se e novamente se desencadeiam sobre mim. Não me acusam, insultam; não me combatem, caluniam, e não me dão o direito de defesa. Precisam sufocar a minha voz e impedir a minha ação, para que eu não continue a defender, como sempre defendi, o povo e principalmente os humildes.
Sigo o destino que me é imposto. Depois de decênios de domínio e espoliação dos grupos econômicos e financeiros internacionais, fiz-me chefe de uma revolução e venci. Iniciei o trabalho de libertação e instaurei o regime de liberdade social. Tive de renunciar. Voltei ao governo nos braços do povo. A campanha subterrânea dos grupos internacionais aliou-se à dos grupos nacionais revoltados contra o regime de garantia do trabalho. A lei de lucros extraordinários foi detida no Congresso. Contra a justiça da revisão do salário mínimo se desencadearam os ódios. Quis criar liberdade nacional na potencialização das nossas riquezas através da Petrobrás e, mal começa esta a funcionar, a onda de agitação se avoluma. A Eletrobrás foi obstaculada até o desespero. Não querem que o trabalhador seja livre. Não querem que o povo seja independente. Assumi o Governo dentro da espiral inflacionária que destruía os valores do trabalho. Os lucros das empresas estrangeiras alcançavam até 500% ao ano. Nas declarações de valores do que importávamos existiam fraudes constatadas de mais de 100 milhões de dólares por ano. Veio a crise do café, valorizou-se o nosso principal produto. Tentamos defender seu preço e a resposta foi uma violenta pressão sobre a nossa economia, a ponto de sermos obrigados a ceder. Tenho lutado mês a mês, dia a dia, hora a hora, resistindo a uma pressão constante, incessante, tudo suportando em silêncio, tudo esquecendo, renunciando a mim mesmo, para defender o povo, que agora se queda desamparado. Nada mais vos posso dar, a não ser meu sangue. Se as aves de rapina querem o sangue de alguém, querem continuar sugando o povo brasileiro, eu ofereço em holocausto a minha vida. Escolho este meio de estar sempre convosco. Quando vos humilharem, sentireis minha alma sofrendo ao vosso lado. Quando a fome bater a vossa porta, sentireis em vosso peito a energia para a luta por vós e vossos filhos. Quando vos vilipendiarem, sentireis no pensamento a força para a reação. Meu sacrifício vos manterá unidos e meu nome será a vossa bandeira de luta. Cada gota de meu sangue será uma chama imortal na vossa consciência e manterá a vibração sagrada para a resistência. Ao ódio respondo com o perdão. E aos que pensam que me derrotaram respondo com a minha vitória. Era escravo do povo e hoje me liberto para a vida eterna. Mas esse povo de quem fui escravo não mais

será escravo de ninguém. Meu sacrifício ficará para sempre em sua alma e meu sangue será o preço do seu resgate. Lutei contra a espoliação do Brasil. Lutei contra a espoliação do povo. Tenho lutado de peito aberto. O ódio, as infâmias, a calúnia não abateram meu ânimo. Eu vos dei a minha vida. Agora vos ofereço a minha morte. Nada receio. Serenamente dou o primeiro passo no caminho da eternidade e saio da vida para entrar na História."

Estas são as palavras que Getúlio Vargas dirigiu à nação, em carta datada de 24 de agosto de 1954, pouco antes de dar fim à própria vida.

O anúncio da sua morte fez estremecer o país diante do futuro.

Imediatamente, as forças políticas trataram de se recompor no tabuleiro nacional, enquanto a História avançava aos solavancos. Seria preciso enfrentar mais alguns vendavais até que o novo chefe da nação estabilizasse o leme: Juscelino Kubitschek – e ele pretendia transformar 5 anos em 50.

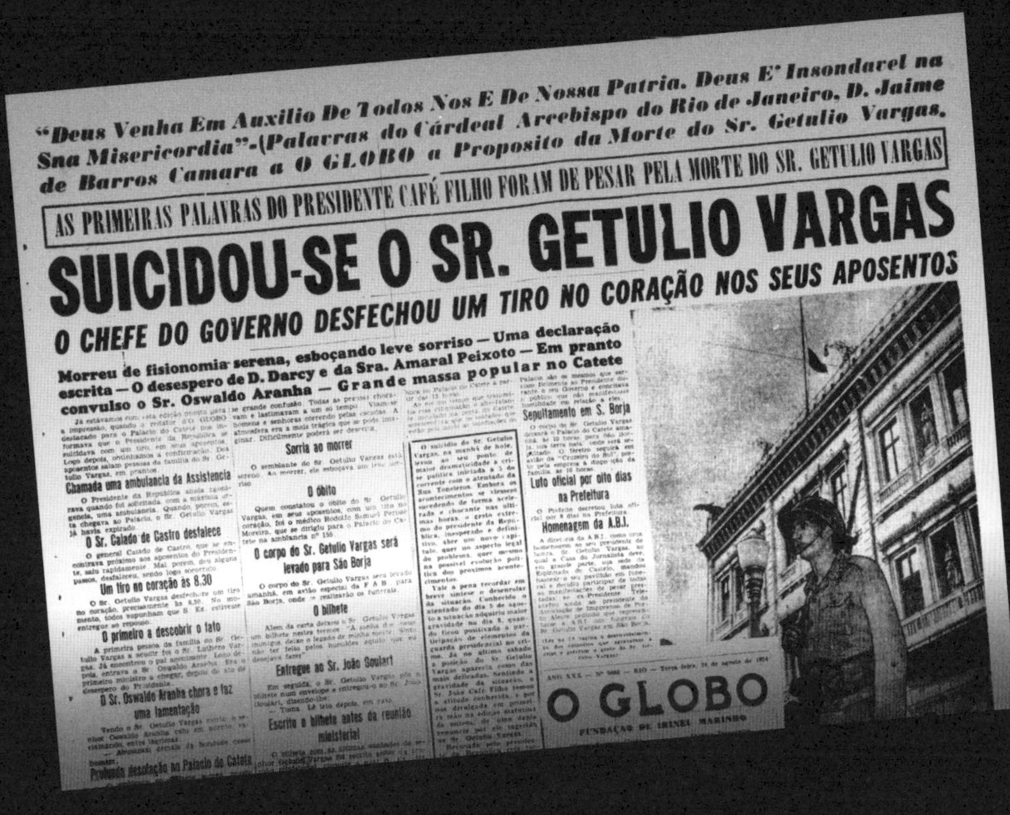
"Deus Venha Em Auxilio De Todos Nos E De Nossa Patria. Deus E' Insondavel na Sua Misericordia"-(Palavras do Cardeal Arcebispo do Rio de Janeiro, D. Jaime de Barros Camara a O GLOBO a Proposito da Morte do Sr. Getulio Vargas.

AS PRIMEIRAS PALAVRAS DO PRESIDENTE CAFÉ FILHO FORAM DE PESAR PELA MORTE DO SR. GETULIO VARGAS

SUICIDOU-SE O SR. GETULIO VARGAS

O CHEFE DO GOVERNO DESFECHOU UM TIRO NO CORAÇÃO NOS SEUS APOSENTOS

Morreu de fisionomia serena, esboçando leve sorriso — Uma declaração escrita — O desespero de D. Darcy e da Sra. Amaral Peixoto — Em pranto convulso o Sr. Oswaldo Aranha — Grande massa popular no Catete

Chamada uma ambulancia da Assistencia

O Sr. Caiado de Castro desfalece

Um tiro no coração às 8.30

O primeiro a descobrir o fato

O Sr. Oswaldo Aranha chora e faz uma lamentação

Profunda desolação no Palacio do Catete

Sorria ao morrer

O óbito

O corpo do Sr. Getulio Vargas será levado para São Borja

O bilhete

Entregue ao Sr. João Goulart

Escrito o bilhete antes da reunião ministerial

Sepultamento em S. Borja

Luto oficial por oito dias na Prefeitura

Homenagem da A.B.I.

O GLOBO

De fato, desde o fim da Segunda Guerra Mundial, o Brasil já ensaiava trilhar o caminho do crescimento. Ao longo do conflito, absorveu mudanças significativas na sua estrutura produtiva, por conta da necessidade de diversificar atividades industriais e driblar as dificuldades impostas ao intercâmbio comercial e principalmente às importações. No fim do segundo governo de Getúlio Vargas, em 1954, acumulava uma série de mudanças que diziam respeito ao modelo econômico adotado, à ordem política e ao controle social e sindical.

A transformação da fisionomia brasileira, uma nação de feições tipicamente rurais ainda nas décadas de 1930 e 1940, resultou no desabrochar de um país industrializado e urbanizado e deu vazão a um fenômeno político de grande importância tanto entre democratas como entre caudilhos – o populismo.

Assim, quando JK entrou em cena, o Brasil já contava com bom número de agências, como o Banco Nacional de Desenvolvimento Econômico (BNDE), o Banco do Nordeste e a Petrobras, criadas para implementar políticas de desenvolvimento sob uma ótica nacionalista. Havia também outros empreendimentos setoriais ou regionais, como o Plano Nacional do Carvão ou a Superintendência do Plano de Valorização Econômica da Amazônia, que visavam promover o crescimento econômico a partir da iniciativa estatal.

Boa parte das fundações desse projeto chamado Brasil havia sido instituída por técnicos de perfil nacionalista, contratados sob o governo Getúlio Vargas. Da mesma forma, o aparelho de Estado estava montado e mostrava capacidade para planejar, realizar, financiar e cobrar. Do ponto de vista institucional, o Brasil também estava azeitado: já era uma democracia de massas regida por uma Constituição liberal e por um sistema partidário abrangente. O Congresso tinha auto-estima e era valorizado. Havia liberdade de imprensa e eleições livres, muito embora esta tolerância política não fosse extensiva às organizações sindicais ou de esquerda. Assim, o Partido Comunista estava na ilegalidade desde 1948, fato que não o impediu, todavia, de aparecer em cena, atrelado a outras agremiações partidárias.

Este foi o legado de Vargas ao Brasil de JK: à consolidação das instituições e da estrutura estatal, que provaram funcionar mesmo em tempo de crise militar ou política, o pai da nova capital brasileira só precisou acrescentar uma pitada de otimismo e de tolerância política. E ao aperfeiçoamento de instrumentos destinados a pavimentar o avanço econômico, imprimiu uma agenda de governo otimista que lhe permitiu selar uma cumplicidade com o eleitorado.

De todos os pontos de vista, os astros conspiravam a favor.

Na trilha do capital

Este foi um período áureo para o país: embora ainda cheirasse à pólvora, a década de 1950 acenava com um fato incontestável: a Segunda Guerra Mundial estava acabada.

Mesmo para o Brasil, país distante e quase alheio ao conflito armado, o alívio era considerável – e o porvir, promissor: em vista da guerra, o país começava a colocar em prática uma política de substituição de produtos importados, valorizando a matéria-prima nacional, e se voltava

Umas das últimas fotos
de Getúlio Vargas ao lado
de Juscelino Kubitschek.

para o seu próprio parque produtivo, de tal forma que, na segunda metade dos anos 40, tinha melhorado significativamente suas reservas cambiais e até investia parte delas na atualização do setor industrial.

Assim, no limiar da década de 1950, o Brasil já era praticamente auto-suficiente em bens perecíveis e semiduráveis – artigos têxteis e de vestuário, alimentos, bebidas, fumo, couro e peles, gráfica e editorial, madeira e móveis. Era hora de investir na indústria pesada.

Todavia, para dar mais este passo, o país precisava de dinheiro – uma quantia de dinheiro tal que nenhum grande industrial brasileiro parecia capaz de cobrir –, já que não podia contar com as reservas cambiais, comprometidas com o financiamento da produção e empregadas na importação desgovernada de bens de consumo.

O Brasil respirava e transpirava o *american way of life*: em todo lugar, singelos nomes nacionais como Fixbril, Eucalol, Fixol e Modonal estavam sofrendo forte concorrência dos gigantes norte-americanos Bendix, Remington, Kolynos, Frigidaire, Bardhall ou outros. Este exército de marcas trazidas dos Estados Unidos se somava às estrangeiras já instaladas no mercado, como Nestlé, Facit, Bayer.

Por obra e graça da propaganda e da publicidade, cada vez mais sofisticadas, o consumidor atendia ao apelo claro e direto que o conclamava ao consumo e se deixava seduzir por apelos visuais arrojados. Até mesmo os grandes magazines aderiram, instituindo a novidade do crediário.

A febre de consumo era tamanha que, em 1947, o presidente Eurico Gaspar Dutra precisou baixar severas medidas cambiais para restringir as importações.

Era preciso juntar dinheiro. Durante a guerra, o país havia recebido dos Estados Unidos uma importante quantia para financiar a instalação da Companhia Siderúrgica Nacional (CSN) em Volta Redonda, Rio de Janeiro, entre outros empreendimentos. Encerrado o conflito, o governo acreditava poder manter o benefício da linha de crédito. No entanto, os recursos internacionais disponíveis acabaram sendo alocados para a reconstrução da Europa (Plano Marshall) e do Oriente (Plano Colombo).

Sem um aporte do Exterior para alavancar a industrialização, o governo Dutra adotou, então, uma política de crédito mais liberal e concedeu empréstimos do Banco do Brasil a setores-chave da indústria: era a única alternativa que restava para tocar o crescimento do país, ainda que de maneira muito mais lenta do que previsto.

Com as eleições presidenciais de 1950, Getúlio Vargas foi novamente alçado ao poder, mas desta vez de forma inédita – pelo voto. Empossado, tomou para si o debate acerca das possíveis estratégias de desenvolvimento econômico nacional e acabou colocando a intervenção governamental à mercê da causa.

Às vésperas de sua posse, o Brasil aguardava a liberação de um financiamento de US$ 500 milhões dos Estados Unidos. Em troca, o país se comprometia a colaborar com a exportação de matérias-primas para o mercado norte-americano. No fim de 1950, os dois países selaram um acordo: o Brasil se dispunha a criar um fundo paralelo, no mesmo valor do capital disponível em dólares, para ajudar a financiar os empreendimentos.

O BNDES surgiu nesta mesma época. Seu objetivo era analisar projetos e ajudar o governo a implementar as bases de arrimo da industrialização nacional. Logo, os técnicos apuraram que as deficiências de transporte e de energia representavam os dois maiores pontos de estrangulamento do crescimento. Na verdade, a escassez de eletricidade era tamanha que chegava a bloquear as atividades produtivas; a malha ferroviária, insuficiente, também freava o desenvolvimento.

Assim, definiu-se que os primeiros investimentos seriam alocados para o aparelhamento de portos e ferrovias, bem como para aumentar a capacidade de armazenamento, criar frigoríficos e matadouros, elevar o potencial elétrico e desenvolver a agricultura e as indústrias de base. Segundo previsões, o BID injetaria US$ 750 milhões no projeto. Os fundos em moeda nacional viriam de fontes diversas: 4% dos depósitos da Caixa Econômica Federal, 3% da receita anual da Previdência e mais um empréstimo compulsório de 15% sobre o Imposto de Renda de Pessoas Físicas e Jurídicas.

No setor de transporte – primeiro a ser contemplado com os recursos –, o único financiamento efetivamente aprovado se destinou à Estrada de Ferro Central do Brasil, em 1952. As obras aprovadas permitiram a remodelação das principais linhas de cargas e passageiros no percurso Rio de Janeiro–São Paulo–Belo Horizonte, a troca e instalação de dormentes, a substituição de trilhos velhos, o reforço de pontes, a construção de uma oficina de manutenção e de um terminal de triagem de carga, a substituição de vagões de madeira por outros de aço e a aquisição de novos vagões para fazer frente ao crescimento da produção siderúrgica de Volta Redonda.

Outros financiamentos do BNDES vingaram nos anos 50 para o setor de energia e o de transportes, que absorveram 60% dos créditos aprovados, e o de papel e metalurgia, entre outros. Só o ano de 1953 testemunhou a assinatura de cinco novos contratos – com a Companhia Nacional de Álcalis (RJ), a Usina Rio Bonito (ES), a Fábrica Nacional de Motores (RJ), a Viação Férrea do Rio Grande do Sul (RS) e a Superintendência das Empresas Incorporadas ao Patrimônio Nacional (Seipan) (RJ). A partir de então, o número de empréstimos não parou de crescer: até o fim da década, cerca de 25 projetos foram contemplados a cada ano.

Decididamente, o Brasil estava crescendo.

YES, NÓS TEMOS PERSPECTIVAS!

"Senhoras e senhores telespectadores, boa noite. A PRF 3 TV, Emissora Associada de São Paulo, orgulhosamente apresenta neste momento o primeiro programa de televisão da América Latina."

A saudação, antológica, da atriz Iara Lins, marcou o início da programação televisiva no Brasil, no dia 18 de setembro de 1950, às 22 horas, e foi seguida de uma estréia regida pelo signo da improvisação: se, por um lado, Homero Silva se incumbia de conduzir o programa inaugural da TV Tupi e Mazzaroppi se superava em número cômico, enquanto Lolita Rodrigues cantava o "Hino da Televisão" sob o olhar atento de atores como Lima Duarte e Walter Foster, por outro, uma das câmeras teimava em não funcionar e a equipe da emissora se defrontava com um grave impasse, por conta de não ter um programa pronto para colocar no ar, no dia seguinte.

Impasses à parte, o que importa é que a iniciativa do proprietário da cadeia de jornais *Diários Associados*, Assis Chateaubriand, responsável

PRF 3 TV
CANAL 3
TUPI DIFUSO

Sob a era JK, o Brasil transpirou otimismo: a televisão, o rádio, o cinema, a literatura transbordavam criatividade.

pela introdução do veículo no Brasil, quarto país do mundo a tê-lo – cujos louros, aliás, também pontuaram o caminho de JK –, resultou num forte poder de penetração da televisão nos lares. Nunca mais o Brasil desligou a telinha: quase um mês depois de estrear o *Show da Taba*, a Tupi surpreendia de novo com a primeira transmissão externa ao vivo da história: uma partida entre São Paulo e Palmeiras. Em fevereiro de 1951, inaugurava o *Sítio do Pica-Pau Amarelo*, programa inspirado em obra de Monteiro Lobato. Um ano depois, era a vez do *Repórter Esso*, grande sucesso do rádio, na voz de Heron Domingues. E, em 1956, estreava a *Praça da Alegria*, com Manoel da Nóbrega, seguida da primeira transmissão ao vivo do Rio de Janeiro para São Paulo: o jogo de futebol entre Brasil e Itália, diretamente do Maracanã.

Depois, apareceu Abelardo Barbosa – o Chacrinha –, com seu *Rancho Alegre* e a *Discoteca do Chacrinha*.

Entrava, assim, em cena o fenômeno comunicação de massa – sociedade de consumo.

Atrelada ao otimismo e à esperança, que, nos chamados países livres implicavam importantes mudanças, esta sede de modernidade teve forte impacto por aqui, obrigando países subdesenvolvidos como o Brasil a repensar seu atraso e a buscar fôlego para se atualizar.

Não sem razão, os chamados "anos dourados" que cunharam o governo do ex-presidente mineiro foram acompanhados de muito positivismo e também acabaram associados a uma série de mudanças sociais e manifestações artísticas e culturais ocorridas no epicentro de uma discussão mais abrangente sobre a construção nacional.

Cinema Novo, Bossa Nova:
este era um tempo de apreço
à nova identidade nacional.

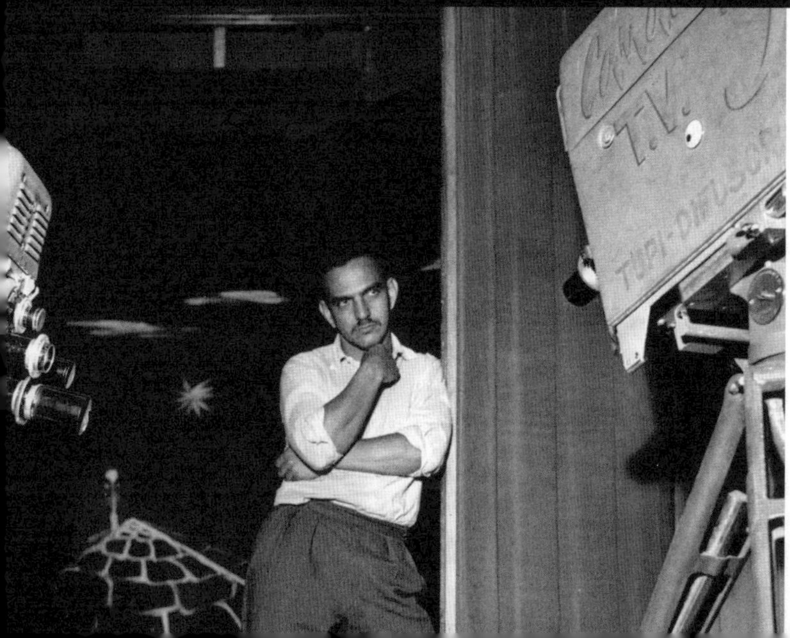

Nos figurinos exóticos, nas chanchadas e no neo-realismo, um Brasil desconcertante.

Visita ao Retiro dos Artistas: ex-presidente mantinha estreito contato com a categoria e procurava estimular a produção nacional.

Assim, o espírito do novo transcendeu a esfera econômica e política e estimulou, na segunda metade da década de 1950, o despertar de importantes movimentos culturais, muitos dos quais já em maturação havia anos. Televisão, imprensa, cinema, arquitetura, música: não houve campo que não refletisse o momento especial que a história do Brasil atravessava.

Nas grandes cidades, novos padrões de comportamento e novos patamares de consumo se impuseram, enquanto a paisagem urbana se revigorava, pontilhada por construções de formas mais livres e funcionais, acompanhadas por uma decoração de interiores mais despojada. Nascia a era do plástico e das fibras sintéticas; o Brasil se americanizava.

A chamada sociedade de massa pressionava a expansão dos meios de comunicação, ávida por lazer e informação – e foi justamente às vésperas das eleições presidenciais de 1955 que o rádio e suas radionovelas explodiram, graças a um maior aporte de publicidade. Jornais e revistas viveram um período de tiragem inédita, enquanto as famosas fotonovelas se popularizavam.

Novas formas de fazer teatro, cinema, música, poesia e artes plásticas pipocaram, culminando com o apogeu arquitetônico que caracterizou a construção de uma cidade essencialmente futurista em pleno Planalto Central: Brasília.

Era tempo de apreço às letras e de exaltação do teatro de revista. E o próprio JK, sempre que podia, se cercava de escritores como Josué Montello, Augusto Frederico Schmidt, Autran Dourado, Carlos Heitor Cony e Pedro Nava.

TV Brasília no ar:
Juscelino descerra a
faixa de inauguração da
primeira emissora do
Distrito Federal.

Era tempo de Marta Rocha e sua exuberância a poucos centímetros da perfeição; tempo de chanchada e de Cinema Novo – e Nelson Pereira dos Santos, Glauber Rocha, Joaquim Pedro de Andrade, Carlos Diegues, Leon Hirszman, David Neves, Ruy Guerra e Luiz Carlos Barreto tomaram em mãos a tarefa de construir o movimento neo-realista, atribuindo, com "uma câmera na mão e uma idéia na cabeça", pinceladas de atualidade à vida nacional em filmes como *Rio 40 graus* e tantos outros.

Era tempo de ufanismo e Pelé, Vavá e Zagalo trouxeram a Copa do Mundo da Suécia, enquanto Carmen Miranda, embora falecida três anos antes, ainda indagasse provocantemente ao redor do mundo: *O que é que a baiana tem?*

E sob os mesmos holofotes dos palcos internacionais onde ela havia apresentado seus figurinos exóticos e balangandãs, Tom Jobim, Carlos Lyra, Ronaldo Bôscoli e Baden Powel acenavam, em tempo, que o Brasil tem a Garota de Ipanema e a boêmia carioca, a desconcertante harmonia de João Gilberto e o inimitável ritmo da Bossa Nova.

O futuro espera por JK

Às vésperas do governo JK, o crescimento do Brasil pôde ser acompanhado sob vários ângulos: o PIB (Produto Interno Bruto) dobrou, a população cresceu um terço, a renda per capita passou de US$ 900 para US$ 1.346. Simultaneamente, e já a partir do fim da Segunda Guerra Mundial, esse *boom* de grandes proporções atraiu grandes empresas estrangeiras – uma atrás da outra, Caterpillar, Brastemp, Philips, Volkswagen e Olivetti se instalaram no país, impulsionando a dívida interna. Financiado pelo

Cortejado pela imprensa e pelo público, JK soube cultivar uma relação de cumplicidade com os meios de comunicação.

capital externo, esse crescimento nacional gerou uma inflação galopante: enquanto a média anual oscilava em torno de 19,4% ao longo da década, a inflação acumulada de 1959 beirava os 39,4%.

Indiferente a esses números, a economia nacional dava as bênçãos a uma emergente indústria de produtos de consumo, em sua maior parte feitos aqui mesmo, e a uma ainda hesitante produção de bens semiduráveis.

A abertura de filiais de empresas estrangeiras foi quase simultânea e muitas vezes deu fôlego ao marketing moderno no Brasil. Assim, embora os anos 50 ainda tivessem sabor de guerra, rapidamente a década se tornou vibrante, entusiástica e esperançosa sob a ótica da imprensa, da propaganda e da televisão. A época era propícia para a comunicação de massa; rádio e comícios estavam a serviço da pregação política e o nacionalismo era a porta atrás da qual a maioria dos partidos acreditava poder manter a espoliação estrangeira.

JK foi o maior símbolo desta década. Atuante na mídia e cultuado por ela, explorou a imagem do líder em busca de modernização, crescimento e empreendedorismo. E foi aplaudido por isso.

À sua volta, a sociedade ainda experimentava os dissabores da instabilidade causada pelas mudanças sociais em curso: havia lutas de classe e confrontos de partidos. O PTB aglutinava operários e sindicatos e arranhava um português populista; a UDN, por sua vez, defendia o capitalismo conservador e pregava a abertura de mercado; quanto ao PSD, era o partido de centro, e o PCB, o representante dos comunistas.

Antes de JK, o país foi liderado por Eurico Gaspar Dutra, general eleito em 1946 e antigo colaborador de Vargas que se manteve no poder até 1951 e soube respeitar a nova Constituição. Presidente da redemocratização, pregava a não-intervenção do Estado na economia e a liberdade de ação para o capital estrangeiro. Sob seu governo, o país assistiu à intervenção em vários sindicatos e à dissolução do Partido Comunista Brasileiro, que passou a atuar às escondidas. O militar soube manter a continuidade administrativa da gestão anterior, mas chegou a tentar evitar o retorno de GV. Não conseguiu.

Getúlio, "pai dos pobres" e candidato pelo PTB, retomou o poder pelo voto popular. As lutas ideológicas e de classes recrudesceram, causando uma crise institucional que culminou com o seu suicídio, obrigando-o a "sair da vida para entrar na História".

Liderada por Café Filho, presidente em exercício tão cardíaco quanto dúbio, a nação foi convocada às urnas e elegeu JK: a pedra fundamental do Brasil moderno estava lançada.

Marta Rocha: a exuberância a poucos centímetros da perfeição que lançou sobre o Brasil os olhos do mundo.

Nas areias da orla carioca,
o gingado internacional
da Garota de Ipanema.

50 ANOS EM 5

capítulo 2

Em 31 de janeiro de 1956, na posse de JK, o Brasil ouvia Ângela Maria cantar "Babalu" no rádio. Na transmissão da faixa presidencial a Jânio Quadros, seis anos mais tarde, a jovem nata intelectual em ascensão se entregava à cadência desconcertante de "Desafinado", de João Gilberto. Entre uma e outra se concretizou um milagre, prometido pelo ex-presidente mineiro: crescer 50 anos em apenas 5.

Dinâmico e articulado, embora de origem humilde, JK era natural do Arraial do Tijuco – atual Diamantina: trazia nos olhos, de alguma forma, a opulência de uma terra coberta de ouro e pedras preciosas no passado e varrida por lendas inacreditáveis. Presidente, colocou o país nos trilhos do futuro e criou a capital dos seus sonhos, com recursos tirados "da minha cabeça".

Ao lado do seu corpo abalroado por uma carreta em 1976, no acidente que lhe roubou a vida antes de completar 74 anos, algumas linhas escritas de próprio punho para compor as memórias assim resumiam sua trajetória: "Como valeu a pena!"

A Revolução Constitucionalista de 1932 foi um dos maiores confrontos políticos nacionais do século XX.

A Revolução Constitucionalista e o chamado de uma vocação

Não fosse uma conspiração da História alinhavada pela intervenção de um homem – Benedito Valadares –, e é bem provável que JK jamais tivesse abandonado seu consultório de urologia em nome da vida política.

Às vésperas da Revolução Constitucionalista de 1932, o jovem médico, recém-casado com Sarah Luiza Gomes de Lemos – cuja família desfrutava de grande prestígio político em Minas Gerais –, estava mergulhado em livros e consultas e já tinha juntado dinheiro suficiente para custear sua especialização em urologia em Paris, quando, pelas mãos de Gustavo Capanema, então secretário do Interior e comandante da polícia, passou a integrar o corpo médico da Força Pública do Estado (atual Polícia Militar), ao lado de outros profissionais de Medicina.

Este foi o primeiro passo de Juscelino Kubitschek de Oliveira em direção ao futuro do Brasil.

Quando a Revolução Constitucionalista espocou, em julho de 1932, ele foi imediatamente convocado como capitão-médico para o *front* – a cidade de Passa Quatro, no setor "Túnel da Mantiqueira", fronteira entre Minas Gerais e São Paulo, onde os conflitos estavam mais acirrados – e lá permaneceu quatro meses.

Ali, fez amizades para a vida toda: o então coronel Gaspar Dutra, mais tarde ministro da Guerra e presidente da República; Benedito Valadares, nomeado delegado de polícia para a região do "Túnel da Mantiqueira" e depois interventor em Minas Gerais por designação de Getúlio Vargas.

A grande guinada, porém, só viria em 1933, quando, em conseqüência do inesperado falecimento do governador de Minas Gerais Olegário Maciel, numa banheira, aos 77 anos, Getúlio Vargas nomeou Benedito Valadares interventor federal. Este, por sua vez, impressionado com a dedicação do doutor Kubitschek às vítimas da Revolução Constitucionalista de 1932, o convidou para exercer o posto de secretário da Interventoria, equivalente, hoje, à chefia do Gabinete Civil.

JK hesitou, mas acabou por ceder à tentação da política. Não desativou seu próspero consultório de urologia, nem se demitiu do Hospital Militar e da Santa Casa, mas deixou definitivamente de lado a tese com a qual pretendia concorrer a uma cátedra na Faculdade de Medicina.

Como secretário do governo de Minas Gerais, ele se destacou pelo seu trabalho dinâmico e contato diário com o público. Passou a advogar em nome de Diamantina, sua cidade natal e, sempre solícito, alcançou grande popularidade em pouco tempo – assim tomou gosto pela carreira política o futuro *presidente bossa-nova*.

A influência de Benedito Valadares foi decisiva: em abril de 1934, JK aceitou filiar-se ao Partido Progressista de Minas Gerais (PP), com o objetivo de concorrer ao cargo de deputado federal nas eleições de outubro do ano seguinte. Foi o candidato mais votado de Minas Gerais e, em setembro, assumiu o posto de secretário do partido por indicação do ex-governador do Estado, Antônio Carlos.

Eleito com tamanho número de votos, o médico licenciou-se das suas funções na Santa Casa de Misericórdia de Belo Horizonte e do cargo que

Apego do ex-presidente por Diamantina o levou várias vezes de volta à sua cidade natal.

Visita do prefeito-furacão a obra de infra-estrutura realizada em Belo Horizonte.

ocupava no Hospital Militar para poder viver no Rio de Janeiro, então capital da República, mas não se descuidou das bases eleitorais – sobretudo Diamantina, onde em 1936 conseguiu eleger o prefeito e 11 dos 15 vereadores. Exerceu seu primeiro mandato parlamentar por dois anos – até o dia 10 de novembro de 1937, quando, em conseqüência do golpe de Estado arquitetado por Vargas com o apoio das Forças Armadas, o Estado Novo extingüiu todos os mandatos legislativos do país, fechou o Congresso Nacional e instituiu uma ditadura.

Ao perder o mandato, o médico decidiu abraçar novamente a profissão: reassumiu suas funções como chefe do Serviço de Urologia do Hospital Militar de Belo Horizonte e, um ano mais tarde, passou a ocupar a chefia do Serviço de Cirurgia do Hospital Militar, sendo promovido a tenente-coronel da Força Pública. Antes, porém, como havia ficado quatro anos longe do ofício, sentindo-se sem destreza no manejo do bisturi, decidiu praticar durante três meses, à noite, técnicas de cirurgia em cadáveres.

Em vão: a política já havia descoberto Juscelino Kubitschek.

Belo Horizonte sob o bisturi do Prefeito-furacão

Na vigência do Estado Novo, a partir de 1937, os interventores estaduais que haviam sido mantidos nos seus cargos passaram a ser chamados de *governadores*. Benedito Valadares era um deles e queria JK à frente da prefeitura de Belo Horizonte.

Mas este estava ocupado com seu consultório, que lhe proporcionava

Sob os desígnios de uma amizade

"Almoçava com minha mãe, quando me chamaram do Palácio da Liberdade. Benedito [Valadares] estava visivelmente feliz. E soltou a bomba: 'Você será o chefe da minha Casa Civil'.
A chefia da Casa Civil era um dos poucos cargos que eu não poderia exercer. Mas meus argumentos não tiveram força... Aceitei-o, pois. Iria atender ao amigo."

Juscelino Kubitschek

satisfação dinheiro e prestígio. Tinha uma clientela formada, um patrimônio apreciável – uma boa casa em estilo moderno, a primeira com piscina em Belo Horizonte –, e ocupava um cargo respeitável na Força Pública, como tenente-coronel médico.

Por isso, quando Valadares o chamou para lhe fazer o convite, em 1940, não teve alternativa, diante da recusa do médico – que preferia se dedicar aos seus pacientes –, senão determinar que o decreto da nomeação fosse publicado no órgão oficial do Estado, o *Minas Gerais*, em 16 de abril de 1940.

Fato consumado, JK voltou à vida pública, acumulando a função de chefe do Serviço de Cirurgia do Hospital Militar, onde continuou operando todas as manhãs, e responsável pelo Serviço de Urologia da Santa Casa de Misericórdia. Em 1945, abandonou o exercício da medicina para cuidar exclusivamente da carreira política. Durante este período, todavia, encontrou tempo para dar acompanhamento médico a um bom número de famílias carentes e ocupou o cargo de primeiro secretário do recém-criado Partido Social Democrata (PSD).

A última vez que manuseou o bisturi foi para operar o escritor Eduardo Frieiro de apendicite aguda, no Hospital São Lucas, de Belo Horizonte. Dias depois da cirurgia, JK disse à mulher do autor de *O cabo das Tormentas*: "Hoje vou dar duas altas, dona Noêmia. Uma ao Frieiro, que já está bom e pode voltar às suas atividades, e outra a mim mesmo, pois encerro, com o caso de seu marido, minha atividade profissional". Despediu-se e saiu. Havia deixado de ser médico para se tornar político.

Como prefeito de Belo Horizonte, JK desenvolveu uma administração

O colecionador de pérolas

Quando JK assumiu a chefia da Casa Civil do governo de Minas Gerais, a convite de Benedito Valadares, decidiu que sua primeira obra pública seria uma ponte sobre o Ribeirão do Inferno, interligando Diamantina à cidade de Rio Vermelho, de onde provinham gêneros de toda espécie. Era uma obra simples, mas de conseqüências imprevisíveis: "Benedito achou graça no meu interesse [por ela] e disse-me: 'Se você não assumir a chefia política de Diamantina, sua cidade vai desaparecer'. Mais do que uma provocação, tratava-se de um apelo para que entrasse na política."

Em abril de 1934, o mesmo Valadares voltou à carga, comunicando ao amigo a inclusão do seu nome na chapa para deputados federais por Minas: "Agora, quer queira, quer não, vai ser político". Em 1940, nova investida e JK se torna prefeito de Belo Horizonte.

Embora diametralmente opostos -- um, intelectual e culto; o outro, funcionário público --, JK e Valadares ficaram lado a lado durante anos. Afilhado do governador mineiro Olegário Maciel, Valadares trilhou carreira política a partir do degrau mais baixo, como vereador em sua terra, Pará de Minas. Depois, foi interventor estadual, governador, deputado federal, senador.

Ao cargo de interventor ascendeu graças a Getúlio Vargas, a quem serviu com ferrenha dedicação. Chegou a arquitetar o golpe do Estado Novo e sobre a experiência escreveu: "É interessante observar o ser possível fazer-se uma revolução às claras, sem o povo desconfiar" (*sic*). Com esses arranhões de português assumiu a autoria de dois romances (*Espiridião* e *A Lua Caiu*), atribuídos de fato a amigos ou quem sabe ao genro Fernando Sabino.

Em favor desse homem de poucas luzes, o adversário e senador Afonso Arinos apontou "uma inteligência viva e atilada", ainda que torpe: "Não crê em nada a não ser no poder, e poder à maneira do Brasil, isto é, a competência para nomear, o controle da força armada e a relativa disponibilidade dos orçamentos".

A ele também se atribuem pérolas da sutileza mineira: quando, em 1969, Costa e Silva adoeceu e os militares impediram a posse do vice-presidente civil Pedro Aleixo, indagado por um repórter sobre o que achava disso, o senador logo se esquivou, dizendo que não podia falar. "Estou rouco, meu filho", disse, levando a mão à garganta. "Rouco de tanto ouvir."

dinâmica, voltada para as mais distintas áreas: preocupado em remodelar a cidade, investiu em obras públicas e saneamento urbano, ofereceu incentivo à cultura e assistência aos mais pobres. No entusiasmo de seus 30 anos, tanto restaurou a capital mineira que acabou sendo apelidado de o "prefeito-furacão".

"Pretendo administrar na rua, não fechado num gabinete", dizia, atravessando a cidade de carro, de Norte a Sul, ao lado do motorista Geraldo Ribeiro, que o acompanhou até o fim da vida, em 22 de agosto de 1976.

JK criou bairros inteiros, como o Sion e a Cidade Jardim. Abriu, restaurou e pavimentou dezenas de ruas e avenidas; realizou obras de infra-estrutura, implantando a rede subterrânea de luz e telefone, substituindo e ampliando a de esgoto e de abastecimento de água; construiu pontes e fez terraplenagens a fim de integrar o centro da cidade à zona suburbana.

Os grandes bastiões de sua passagem pela prefeitura foram o Cassino (hoje Museu de Arte), a Casa do Baile, o Iate Clube e a igrejinha de São Francisco – cuja construção contou com a participação de jovens talentos, como o arquiteto Oscar Niemeyer, o paisagista Burle Marx, o pintor Portinari e o escultor Alfredo Ceschiatti.

Um dos marcos da sua administração e cartão de visita da moderna Belo Horizonte é o conjunto arquitetônico da Pampulha, projetado por Oscar Niemeyer em tempo recorde. Em apenas nove meses, a cidade ganhou um moderno ponto turístico e um arrojado centro de recreação, constituído de lago artificial pontilhado por casas de diversão e ligado ao centro por avenidas largas.

Complexo da Pampulha, em Belo Horizonte: obra de destaque do "prefeito-furacão".

Destaque da Igreja de São Francisco, na Pampulha, idealizada pelo comunista Oscar Niemeyer.

Sensível às artes, o prefeito JK também fez muito pela cultura mineira. Criou a Escola de Arquitetura, o Museu Histórico de Belo Horizonte, o Instituto de Belas-Artes e o Curso de Extensão Musical; deu início à construção do Teatro Municipal e oficializou a Orquestra Sinfônica. Simultaneamente, ofereceu incentivo da Prefeitura a diversas instituições culturais e promoveu em 1944 – 22 anos depois da Semana de Arte Moderna de São Paulo – uma "semaninha", como ficou conhecida, decisiva para a expressão artística dos mais jovens e a renovação das artes em Minas Gerais.

Durante seu mandato, investiu em saúde e assistência social aos trabalhadores, estimulando a criação de uma rede capaz de prestar auxílio médico, hospitalar e dentário gratuito, alimentação barata e qualidade de vida às populações carentes.

Datam desta época o Hospital Municipal no Bairro da Lagoinha, dotado de instalações moderníssimas e aberto inicialmente para dar amparo ao trabalhador doente; a proposta de um convênio bem-sucedido entre a Prefeitura e a Santa Casa de Misericórdia para atender os indigentes, além do programa de bairros e restaurantes populares, visando dar alimento aos mais necessitados.

Os bons resultados se fizeram logo notar – e foram tantos que acabaram cunhando irremediavelmente o nome de JK na vida política nacional. Não sem razão, seus correligionários o incentivaram a lançar sua candidatura a deputado federal pelo PSD, em 1945. Este era o primeiro passo em direção à presidência da República.

Diamantina, chão que as artes pisaram

Clubes literários, igrejas barrocas, ateneus e ginásios coloniais para acolher uma vida sociocultural febril e refinada. Assim cresceu Diamantina, antigo arraial do Tijuco, núcleo de mineração fundado pelo bandeirante Jerônimo Gouveia em 1713 – terra de Juscelino Kubitschek.

Divisor das águas das bacias do rio São Francisco e Jequitinhonha, o município está fincado na Serra do Espinhaço, em meio a terrenos de quartizito e filito – o que conferiu à região um colorido rupestre, pontuado, aqui e ali, pelo cintilar das pepitas de ouro e pedras preciosas que açoitaram a cobiça de bandeirantes, garimpeiros e sertanistas, ao longo da história das Minas Gerais.

Desbravadores não faltaram nas encostas do Ivituruí – as "montanhas frias", no linguajar dos índios que ocupavam a região, mais tarde batizadas pelos aventureiros brancos de Serro Frio: Fernão Dias Paes Leme, Antônio Soares, Manuel Corrêa Arzão e tantos outros.

Vasculhada à exaustão em todo o seu entorno, durante a febre do ouro, a região de Diamantina, com pouco mais de 3.800 km^2, tornou-se a maior e mais próspera da região do Alto Jequitinhonha. Antes da descoberta de diamantes, porém, o arraial do Tijuco não ia além de meia-dúzia de pequenas casas baixas, uma capela dedicada a Santo Antônio e uma população flutuante.

Aninhada entre o córrego Piruruca e o Rio Grande e emoldurada pelas serras de Santo Antônio e São Francisco, alimentou-se, durante décadas, de metal e pedras preciosas e viu crescer à sua volta, em todo o Vale do Tijuco – a área mais próspera das adjacências –, os primeiros povoados ao redor do chamado Burgalhau.

A partir de 1720, a despeito do mercado negro de riquezas minerais, que visava refrear a remessa de pedras preciosas e ouro à Coroa Portuguesa, Tijuco ganhou um governo de regime especial, isolado do conjunto da capitania de Minas Gerais. Assim, de 1730 em diante, Portugal passou a fazer valer medidas de controle para a extração de minérios através de Regimento Especial.

Em 1734, foi criada a Intendência dos Diamantes – regime de fiscalização rígido dentro da colônia. O "sistema de livre extração" funcionava paralelamente, mediante pagamento do quinto, e vigorou até 1740.

Os anos de 1770 foram o período de maior produtividade da economia diamantífera, e em 1831, o arraial do Tijuco foi elevado a vila. Sete anos depois, novamente elevada – dessa vez a cidade –, Diamantina adquiriu autonomia político-administrativa. E, com o fim da Real Extração, em 1845, passou a desfrutar de liberdade econômica. A construção da Estrada de Ferro Central do Brasil, em 1914, a integrou a outras cidades e ao resto do mapa do Brasil.

Os recursos naturais e a herança colonial da cidade a favoreceram em todos os sentidos: o isolamento imposto pela Coroa foi o

aprendizado necessário à auto-suficiência comercial e o surgimento de grandes fortunas estimularam a criação de uma economia próspera e variada. Assim, Diamantina passou a representar o principal pólo comercial da região do Alto Jequitinhonha – e, mesmo com a decadência da mineração diamantífera, alguns de seus distritos conseguiram diversificar sua produção, investindo pesado na atividade agrícola de subsistência, em especial a cultura de algodão e a viticultura. Atualmente, as indústrias extrativas do diamante, do ouro e da sempre-viva, bem como a indústria têxtil, são as mais significativas para a economia local.

O setor de serviços também representa uma importante fonte de renda para o município: a concentração de poder e de riqueza, a formação de uma elite cujos hábitos foram inspirados nos europeus, a vida social refinada, os costumes apurados – tudo isso se refletiu num rico acervo histórico: o Passadiço da Rua da Glória, a casa de Chica da Silva, o Mercado Municipal, templos majestosos, erguidos com barro e madeira; igrejas datadas do primeiro período barroco das Minas Gerais, construções antigas e um rico artesanato são algumas das atrações dessa cidade tombada pelo Patrimônio Nacional desde 1938.
Mas o que de melhor Diamantina tem

Aspectos da cidade de Diamantina, berço da extração de pedras preciosas nas Minas Gerais.

a oferecer é a sua tradição: "A cidade teve essa característica, como outras de Minas Gerais daquele tempo – como viviam muito isoladas, elas procuraram se bastar a si mesmas e criaram clubes literários, ginásios, ateneus, colégios e passaram a se constituir em núcleos de cultura daquelas regiões desertas de Minas Gerais. Assim, durante quase 200 anos, oito ou nove estabelecimentos de ensino, distribuídos por Diamantina, Mariana, Ouro Preto, Serro, concentraram a cultura de Minas Gerais (....) e todos nós (...) tínhamos orgulho dos diamantinenses que (...) tinham conquistado, em outros pontos do país, glória ou fama", lembrou, certa vez, um de seus filhos mais ilustres, Juscelino Kubitschek.

De fato, as festas religiosas, os bailes e as noites de serestas, regados a uma gastronomia farta e apetitosa, fazem de Diamantina um eterno pequeno diamante em torno do qual ainda pulsa a vida cultural e artística, emoldurada por um conjunto arquitetônico colorido e alegre, um clima suave e uma invejável beleza panorâmica.

Diamantina – cenário dos idos tempos de Colônia, de onde saiu o presidente que lançou o Brasil na modernidade; Diamantina, caixinha de reminiscências históricas que guarda os primeiros passos de um dos personagens mais importantes da vida política nacional.

Asas para o sonho de JK no Palácio da Liberdade

Quando, a partir de março de 1945, o tabuleiro político nacional começou a se reorganizar em torno da criação de novos partidos, os interventores que contavam com a simpatia de Getúlio Vargas fundaram o Partido Social Democrático e incentivaram a candidatura do então ministro da Guerra, general Eurico Gaspar Dutra, à presidência da República.

Pouco mais de seis meses depois, a comissão executiva do jovem PSD mineiro se reuniu em Belo Horizonte para indicar seus candidatos à Assembléia Nacional Constituinte. Na oportunidade, o nome de JK foi lançado para concorrer à cadeira de deputado federal.

Assim, enquanto as perspectivas políticas do parlamentar ganhavam altura, a carreira do administrador municipal fazia vôo rasante: ao assumir o poder em conseqüência da deposição de Vargas pelas Forças Armadas, em 29 de outubro de 1945, uma das primeiras medidas adotadas pelo presidente do Supremo Tribunal Federal, ministro José Linhares, foi substituir os interventores por representantes do Poder Judiciário e afastar os antigos prefeitos – assim, JK teve de ceder seu cargo ao engenheiro João Gusmán Júnior.

Era hora de galgar novos postos: vitorioso nas eleições de 2 de dezembro de 1945, o PSD conduziu Gaspar Dutra à presidência da República, Getúlio Vargas ao Senado e Tancredo Neves, José Maria Alkmin, Gustavo Capanema e Benedito Valadares à Câmara dos Deputados. Pela mesma sigla Kubitschek se elegeu à Assembléia Contituinte como segundo deputado federal mais votado de seu Estado.

JK e Tancredo Neves em 1945: união de esforços em torno do jovem PDS de Minas Gerais.

JK prefeito: boa aceitação entre correligionários e eleitores deu impulso para que se lançasse deputado federal.

Diante dos bons resultados nas urnas, chegou a ter seu nome cogitado para disputar o governo estadual nas eleições de janeiro de 1947, mas ele já estava comprometido com a candidatura de José Francisco Bias Fortes e declinou da oferta. Bias Fortes, no entanto, foi derrotado pelo candidato da União Democrática Nacional (UDN), Milton Campos, mineiro de Ponte Nova que havia prometido governar Minas Gerais dentro de princípios "mais da lei do que dos homens" e cuja integridade lhe valia a fama de "reserva moral do Brasil".

JK permaneceu no exercício de seu mandato na Câmara Federal mesmo depois de setembro de 1946, quando a nova Carta foi promulgada e a Assembléia Constituinte, transformada em Congresso ordinário. Como parlamentar, desencadeou ferrenha oposição ao governo de seu Estado a partir de março de 1947. Compromissos no Exterior, notadamente nos Estados Unidos e no Canadá, entre maio e julho de 1948, acabaram exercendo, conforme faz notar em suas memórias, grande influência sobre as suas concepções político-administrativas – e a partir desta data, ele passou a se mostrar convicto de que o Brasil só se desenvolveria plenamente pela via da industrialização.

Mas JK era homem de conciliação e sagacidade: preferia serestas a confrontos políticos; em vez de conspirar, debulhava otimismo. E foi assim que os 23 membros da comissão executiva do PDS escolheram seu nome – por três votos de diferença – como candidato do partido ao governo de Minas Gerais, em detrimento do de José Francisco Bias Fortes. Sua candidatura foi homologada em 30 de julho de 1950, durante a convenção do partido.

À frente da prefeitura de Belo Horizonte, JK construiu hospitais, ruas, estradas e obras de infra-estrutura.

Imediatamente, o candidato por Minas deu início a sua campanha com base no binômio "Energia e Transporte". O objetivo: promover a industrialização de um Estado até então fadado à agropecuária.

Em 3 de outubro de 1950, enquanto Getúlio Vargas batia o adversário Eduardo Gomes nas urnas e conquistava a presidência da República pelo voto direto, JK vencia seu concunhado Gabriel Passos, candidato da UDN, e se fazia eleger governador de Minas Gerais com 56,5% dos votos.

Governou entre 1950 e 1954. Quando assumiu, o Estado parecia estar parado no tempo.

"Feliz é o JK que *avoa*", estampavam os pára-brisas dos caminhões, numa clara alusão ao estado de conservação da malha viária. De fato, com exceção da região de Juiz de Fora, que possuía um núcleo industrial desenvolvido, o Estado não dispunha nem de estradas, nem de energia de qualquer sorte. Ademais, estava atolado em dívidas. O novo governador ousou, então, colocar em dúvida a "vocação agrícola" de Minas e jogou todas as suas cartas na industrialização pesada do Estado.

Tratou de desenvolver o setor de transportes e de energia o quanto antes, de sanar o rombo nos cofres públicos herdado da antiga administração e de colocar em dia o pagamento do funcionalismo público – esta era, no seu entender, a única forma de conduzir o Estado pelos trilhos do crescimento: o progresso haveria de chegar sobre as rodas dos caminhões e dos carros e pela rede de fios elétricos!

Assim, construiu 16 estradas-tronco com mais de 3 mil quilômetros de extensão sob a supervisão do DER, integrando diversas regiões do Estado e religando-o a outros pontos geográficos do território nacional.

Governador de Belo Horizonte,
JK sai do Palácio da Liberdade
para mais um dia de trabalho.

Cuidou dos transportes aéreos, abrindo 75 campos de pouso para aviões de porte médio. Implantou a Frimisa – Companhia de Frigoríficos de Minas Gerais, para modernizar a pecuária, e a Fertisa – Fertilizantes de Minas Gerais, para produzir adubos com a apatita de Araxá e o potássio de Poços de Caldas. Também inaugurou escolas, fez pontes e criou conservatórios de música e faculdades de Medicina, Direito, Farmácia, Odontologia e Belas-Artes. Além disso, dotou as regiões mais afastadas e carentes de postos de saúde, inaugurou praças de esportes e deu inicio à construção da Biblioteca Municipal de Belo Horizonte.

Ciente de que a eletrificação do Estado aceleraria o processo de industrialização, tratou de elevar o potencial energético mineiro de 205 mil para 600 mil kw, construindo as usinas de Salto Grande, Itutinga, Paredão e Pandeiros, entre outras, ampliando a de Pai Joaquim e promovendo o entrosamento de todas elas em torno de um órgão centralizador, a *holding* estatal Cemig (Centrais Elétricas de Minas Gerais).

A geração de energia, por sua vez, incentivou a instalação de uma filial do grupo siderúrgico alemão Mannesmann, em Contagem, nas imediações de Belo Horizonte, fator que muito contribuiu para o projeto de tirar Minas Gerais de sua estagnação agropastoril.

Visível para muito além das fronteiras de Minas Gerais, o sucesso do seu governo lhe permitiu sonhar com o maior e mais nobre dos vôos, aquele que o faria pousar no "Palácio das Águias", como era então chamado o Catete – a sede da presidência da República.

Antes, porém, de lançar oficialmente sua candidatura, em fevereiro de 1955, JK ainda teve de passar em revista suas habilidades políticas – oportunidade que agarrou com as duas mãos, nos dias difíceis que se seguiram ao suicídio de Getúlio Vargas, em 24 de agosto de 1954: em certo momento, a avenida Afonso Pena, no centro da capital mineira, fervilhava sob o discurso inflamado de oradores e políticos de plantão, quando, cheio de astúcia e diplomacia, o governador conduziu a multidão em polvorosa até os jardins do Palácio da Liberdade e, pedindo calma, ali mesmo mandou servir refrescos a todos. Imediatamente, os espíritos se desarmaram.

Cinco anos, um futuro a construir e a História para trilhar

No PSD, a candidatura de Juscelino Kubitschek à presidência da República já era dada como certa, apesar dos percalços: a oposição dos udenistas – Café Filho, em particular – e de certos setores militares. Além disso, o governador de Minas Gerais ainda tinha pela frente o problema da sucessão estadual: candidato, seria obrigado a abandonar o governo do Estado dez meses antes de o mandato expirar.

Oficialmente homologado em 10 de fevereiro de 1955 pela convenção nacional do PSD, o lançamento de seu nome – comprometido com o getulismo, recém-destronado – foi, portanto, o estopim que desencadeou uma vigorosa movimentação contra as futuras eleições e a favor da intervenção militar.

Em 31 de março, JK se desincompatibilizou do governo de Minas Gerais. No dia 4 de abril, em comício realizado em Jataí – pequena cidade de 15 mil habitantes em Goiás –, deu início a sua campanha presidencial, prometendo fazer o país crescer "50 anos em 5", caso fosse eleito.

Empatia e simpatia: JK conquista a nação e avança a passos largos em direção à presidência da República.

Juscelino começou seu discurso no galpão de uma oficina mecânica. Lá fora, chovia a cântaros, mas a tempestade não refreou o tom inflamado de suas palavras: "Acima de tudo, pretendo respeitar a Constituição", prometeu, depois de apresentar um plano com 30 metas de desenvolvimento.

Questionado por um dos presentes – Antônio Soares Neto – se pretendia, então, cumprir a lei e transferir a capital do Brasil para o Planalto Central, conforme determinava a Carta Magna de 1891, Juscelino assustou-se com a pergunta, tomou seu tempo para responder e por fim aquiesceu, assumindo doravante o compromisso de construir Brasília, se eleito. Anos mais tarde, não esqueceu de enviar um convite para a cerimônia de inauguração da cidade ao eleitor que o havia interpelado.

Ainda naquele mesmo mês de abril, o diretório nacional do PSD acatou a indicação do PTB para que seu líder, João Goulart, figurasse na chapa de Juscelino como vice-presidente. A candidatura de ambos foi homologada pelo PTB dias depois, durante a convenção nacional do partido.

O programa de governo dos candidatos da chapa PSD-PTB, organizado com o auxílio de uma equipe de técnicos, foi batizado com o nome de Programa de Metas e representava um audacioso plano de desenvolvimento nacional, que acabou sendo cumprido à risca: eleitos, JK e Jango pretendiam imprimir ao Brasil, em cinco anos de mandato, um ritmo de crescimento industrial equivalente a 50 anos.

Alvo de sucessivas manobras e pressões por parte das oposições, principalmente da UDN, para frear a consolidação da candidatura de JK e Jango, a aliança PSD-PTB enfrentou nas urnas, entre 3 e 5 de outubro de 1955, o

"O homem público, sobretudo o presidente, não pode ser amargo, ressentido. A vida pública se faz com felicidade e alegria – e Juscelino era homem feliz e alegre."

Ulysses Guimarães

candidato do PSP Ademar de Barros, o representante da UDN Juarez Távora e o líder do Partido de Representação Popular (PRP), Plínio Salgado.

Garantidas as eleições presidenciais pelas tropas do Exército, à apuração, concluída em meados de outubro, e divulgação dos resultados se seguiu uma batalha judiciária travada pela UDN e seus aliados com o objetivo de anular o pleito e impedir a vitória dos eleitos. A alegação: embora tivesse aberto uma vantagem de quase 500 mil votos sobre o candidato derrotado mais votado, Juarez Távora, JK havia conseguido apenas 36% dos votos – portanto, não tinha maioria absoluta (50% mais um) para governar.

À frente dos insurgentes udenistas estava o jornalista Carlos Lacerda – ferrenho anticomunista que passou a pregar abertamente a constituição de um governo militar provisório e a dissolução do Legislativo. Para complicar as coisas, o presidente interino desde a morte de Vargas, Café Filho, era internado às pressas com preocupantes "dores no peito", na manhã do dia 3 de novembro, e deixava vago o seu posto à frente da nação. Cinco dias depois, seu sucessor legal, o presidente da Câmara, Carlos Luz, era empossado, não sem antes testemunhar uma queda-de-braço nos quartéis: ministro da Guerra de Café Filho, o general Lott estava ofendido com o discurso golpista do coronel Bizarria Mamede durante o enterro do colega Canrobert Pereira, no qual este inimigo de Vargas havia criticado "a mentira democrática" das eleições e comparado a vitória de JK nas urnas a um "golpe da minoria".

Queria sua prisão – mas já havia pedido a de outros dois generais, anteriormente. Assim, Carlos Luz não aceitou seu pedido; e este, em represália, renunciou ao ministério.

Ademar de Barros e Carlos Lacerda: rondam os desafetos.

O general Odylo Denys entrou em cena para apoiar seu colega de farda e defender a honra da "instituição militar desrespeitada". Deflagrou, dessa forma, a resistência militar ao governo de Carlos Luz: no dia 11 de novembro, um número incontável de tanques e soldados tomava as ruas do Rio de Janeiro em defesa do general Lott e – para surpresa de todos – das garantias constitucionais para empossar os candidatos eleitos. Este episódio precipitou a aprovação do *impeachment* do presidente interino, em sessão especial: 185 votos contra 72 na Câmara e 43 votos contra 9 no Senado. Luz não teve outra opção senão fugir no cruzador *Tamandaré*. E foi o que fez.

Na madrugada de 22 de novembro, o poder era transmitido ao presidente do Senado, Nereu Ramos, e este permaneceu na condução do país até a posse de Juscelino, em 31 de janeiro de 1956.

Assim que assumiu a presidência da República, JK solicitou a revogação do estado de sítio ao Congresso Nacional, e foi prontamente atendido. Também fez saber à nação que governaria sob os auspícios da democracia, abolindo a censura à imprensa.

Rapidamente, a intransigente oposição dos oficiais da Aeronáutica que estavam inconformados com os rumos da História e insistiam na sua deposição se fez notar nas casernas. Entretanto, no dia 29 de fevereiro, quando o levante já estava completamente debelado, JK surpreendeu a todos provando que estava decidido a ser o presidente da concórdia – e decidiu anistiá-los.

Pouco depois, no aeroporto de Anápolis (GO), ele também assinou a mensagem ao Congresso na qual propunha a transferência da capital da

República para o Planalto Central. A despeito da forte resistência da UDN, o projeto de construção de Brasília foi aprovado pelo Congresso Nacional e, em 19 de setembro, o presidente pôde então sancionar a lei que delimitava o futuro Distrito Federal e autorizava a constituição da Companhia Urbanizadora da Nova Capital (Novacap).

Brasília ia sair do papel.

Um turbilhão de planos na valsa dos cifrões

Na primeira reunião de seu ministério, em 1º de fevereiro de 1956, JK expôs seu plano de governo – o Programa de Metas – e instituiu o Conselho Nacional de Desenvolvimento, órgão diretamente subordinado à Presidência da República e constituído pelos chefes do gabinete civil e militar e os presidentes do Banco do Brasil e do Banco Nacional do Desenvolvimento Econômico (BNDE), cuja função era controlar a economia.

Era preciso dinheiro – muito dinheiro – para pavimentar o crescimento do país, mas não seria por falta de recursos que o Brasil deixaria de se desenvolver. No entanto, a situação econômica herdada do governo Vargas e, em seguida, Café Filho era preocupante: houvera superprodução de café e, de mais a mais, o déficit do Tesouro e a perda do poder de compra das exportações constituíam, segundo avaliação de especialistas, um "quadro impressionante de desequilíbrio" para a época.

A despeito desta instabilidade econômica e da inflação crescente, o ministro da Fazenda, José Maria Alkmin, decidiu adotar, e manteve, a estratégia de impedir basicamente que essas oscilações da economia comprometessem o êxito dos planos do chefe da nação.

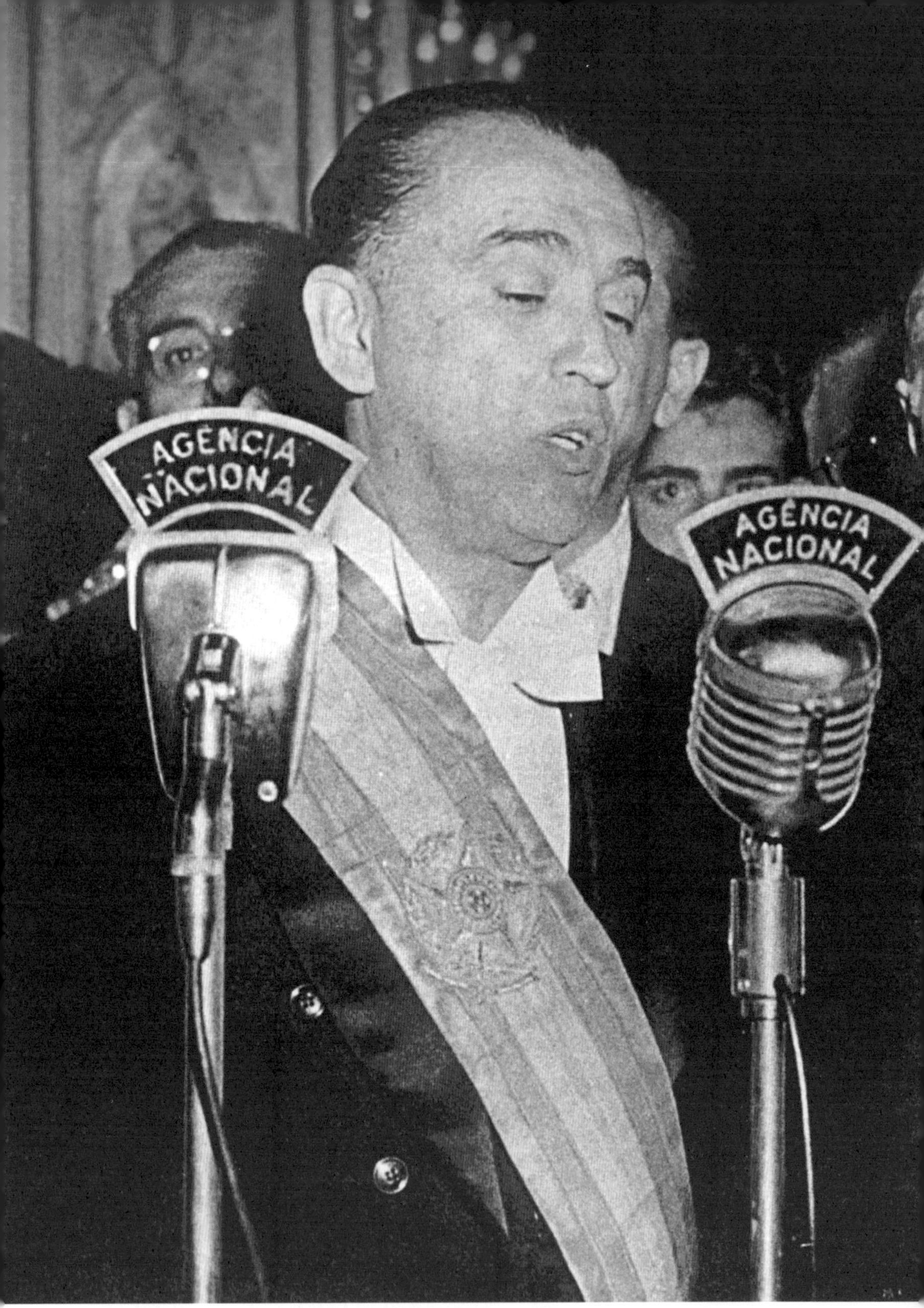

Fevereiro de 1956: presidente e vice-presidente do Brasil, JK e João Goulart se dirigem em pronunciamento à nação.

O presidente era obstinado e estava determinado a promover a industrialização do Brasil a qualquer custo: ao ser empossado, tinha recebido o comando de um país voltado para o mar e de acanhada sina agrária. Grande parte da população se concentrava na faixa litorânea ou próximo dela, onde haviam pipocado, aqui e ali, os maiores centros urbanos, como Rio de Janeiro e São Paulo. Mas regiões como o Centro-Oeste, o Norte e o Nordeste ainda eram inóspitas e despovoadas; transpiravam a herança colonialista brasileira e viviam à custa de latifúndios tradicionais. Para modernizá-las e ligá-las ao resto do país, era preciso construir cidades e, nelas, instalar estradas, fábricas e hospitais. E JK também prometeu desbravar o sertão.

Para tanto, determinou que fossem criados grupos de trabalho subordinados ao Conselho Nacional de Desenvolvimento e que estes acatassem uma ordem expressa: estimular o crescimento e a diversificação da economia de Norte a Sul.

Toda a máquina estatal apostou, então, suas fichas na indústria de base, na agricultura, nos transportes e no fornecimento de energia. O otimismo do presidente contaminou vários setores – alimentação, siderurgia, saneamento básico, eletrodoméstico, naval e nuclear – e realizou sonhos aparentemente impossíveis: a abertura de estradas, a eletrificação, a implantação de um parque automobilístico.

Para construir o país que desejava e fortalecer o setor industrial como pretendia, JK investiu pesado na geração de energia: as raras hidrelétricas em operação não dariam conta do número de fábricas que se esperava; era preciso viabilizar a produção e a produtividade – por isso, o governo

Inauguração da usina de Salto Grande: presidente aciona a chave que transmite energia elétrica à estação transformadora.

Febre do asfalto: presidente saúda caravana de carros que trafegou por todo o país.

de INTEGRAÇÃO NACIONAL
ÃO PAULO
- BRASILIA
CARAVA
R

EMPRÊSA NACIONAL
CONSTRUCÕES GERAIS

decidiu construir Furnas e Três Marias, duas das maiores usinas existentes até hoje. Antes do final de 1960, a capacidade energética nacional cresceu 80%, saltando de 3.500.000 kw para 4.770.000 kw.

Juscelino também estava convencido de que o progresso viria na boléia dos caminhões e com a realização do sonho do carro próprio – até então um artigo de luxo no Brasil, limitado a poucos modelos, Cadillacs e Studebakers elegantes e espaçosos, todos importados e caríssimos. A exceção eram as Lambrettas turbinadas, objeto de desejo dos jovens transviados dos anos 50.

Alheia a este vanguardismo, a maioria da população vivia espremida em bondes ou ônibus desconfortáveis. Por isso, uma das prioridades do governo foi incentivar o transporte individual, barateando os automóveis e estimulando sua produção no país. Mediante polpudos incentivos fiscais e subsídios, a indústria automobilística abriu, então, sucessivamente novas fábricas no Brasil e viu seu setor crescer quase 600% em cinco anos.

As linhas de montagem de automóveis, a florescente indústria de base e a conquista do sertão despertaram também a chamada "febre do asfalto" – e o governo multiplicou rodovias como a Belém–Brasília, a Brasília–Acre, a Fortaleza–Brasília e a Brasília–Cuiabá. Ao todo, foram quase 18 mil quilômetros de estradas abertas em todo o território nacional, rompendo o isolamento histórico do Centro-Oeste e do Norte.

Todas essas iniciativas deram considerável impulso ao país e desencadearam um tempo de prosperidade jamais vivido. Mas o progresso custava caro e a inflação continuava seu paciente trabalho de minar os alicerces da economia nacional.

Faca de dois gumes: obras de vulto impulsionaram o progresso nacional e minaram a economia do país.

BASE
ENERGIA
CONSTRUÇÕES NAVAIS
INDUSTRIA MATERIAL ELETRICO
INDUSTRIA MECANICA PESADA
METAIS NÃO FERROSOS
ENERGIA ELETRICA
5.000.000 KW
ENERGIA ATOMICA
CARVÃO MINERAL
4.000.000 TON
PETROLEO REFINAÇÃO
330.000 B/D
PETROLEO PRODUÇÃO
310.000 B/D
FERROVIAS-APARELHAMENTO
FERROVIAS CONSTRUÇÃO
1.500 KM
RODOVIAS CONSTRUÇÃO
12.000 KM
MECANIZAÇÃO
75.000 UN.
SILOS E ARMAZENS CONSTRUÇÃO
400.000 TON
TRIGO
1.500.000 TON
MARINHA MERCANTE
FERTILIZANTE EXPANSÃO
ARMAZENS E SILOS
FERTILIZANTES
TRIGO
FERROVIAS
META

"Todas as manhãs, a primeira coisa que fazia, ao chegar ao meu gabinete, era examinar o grande mapa do Brasil que estava pendurado na parede, atrás da minha mesa de trabalho. Nele, era atualizado o estágio progressivo de cada meta. Quando, por acaso, percebia que uma obra não vinha se desenvolvendo ao ritmo desejado, tomava o avião e ia apurar pessoalmente as razões do atraso."

Juscelino Kubitschek

O HOMEM FORTE DE CALÇAS CURTAS

Endividamento externo, dependência do capital estrangeiro, déficit da balança comercial e espiral inflacionária são termos que passaram a freqüentar as páginas de jornal e a crônica da vida brasileira, entre 1955 e 1960.

Cada vez mais, era preciso dispor de recursos para investir: além dos estímulos legais para a entrada de capital estrangeiro no país, o governo angariava dinheiro do Exterior através de linhas de crédito oferecidas a empresários pelo BNDE. Em contrapartida, eles assumiam a co-responsabilidade pela liquidação do débito.

O aporte inicial de capital norte-americano para a execução do Plano de Metas era, no entanto, irrisório, e JK foi buscar recursos para o processo de aceleração industrial nos bancos europeus e japoneses. É de se notar, contudo, que a estratégia quase acabou saindo pela culatra: os investimentos no Brasil, notadamente alemães, encontraram resistência por parte dos Estados Unidos, que, divididos entre a obrigação de manter e consolidar sua hegemonia no maior país do continente e a preocupação em evitar que a dívida se tornasse impagável, passaram a apertar o cerco, tirando do fundo da cartola o sempre incômodo Fundo Monetário Nacional.

A primeira reunião digna de registro entre a equipe do FMI e do BIRD (Banco Internacional de Reconstrução e Desenvolvimento), de um lado, e o ministro da Fazenda, José Maria Alkmin, de outro, ocorreu no começo de outubro de 1957, em Washington. Entre as exigências para a concessão de novos créditos, os chamados *yankees* – os "imperialistas" para a emergente esquerda brasileira – impunham um rigoroso programa de ajuste monetário.

No intuito de atendê-los, o engenheiro Lucas Lopes, secretário-executivo do Conselho Nacional de Desenvolvimento, responsável pelo Plano de Metas e presidente do BNDE a partir de fevereiro de 1956, elaborou, então, o Plano de Estabilização Monetária (PEM), que traçava uma severa política antiinflacionária e listava medidas corretivas de grande impacto em relação à moeda, ao crédito, às finanças públicas, aos salários e ao balanço de pagamentos.

As providências enumeradas por Lucas Lopes foram consideradas necessárias pelo chefe da nação, em razão da delicada situação financeira do país, mas, idealista e empreendedor, Juscelino se mostrou intransigente em relação à liberação das verbas destinadas ao Plano de Metas.

Em discussão no Congresso, por sua vez, o programa de ajuste ainda sofreu numerosas modificações. Enquanto esperava a decisão dos parlamentares, como a situação econômica se deteriorasse dia após dia, Lucas Lopes decidiu reduzir despesas, controlar rigorosamente a liberação de verbas, mexer na taxa de câmbio e adiar a execução de obras consideradas não prioritárias.

Ao lado disso, um "abono de emergência" ao funcionalismo civil e militar da União era negociado, enquanto a sustentação do plano acrescido das emendas sugeridas pelo Congresso aparentava ser a única solução plausível a curto prazo.

Colocado em execução em 1959, o PEM provocou de imediato um considerável aumento de preços que inflamou o descontentamento da nação. Ainda assim, a política nacional de estabilização econômica foi considerada acanhada pelos técnicos do FMI e o governo norte-americano se

Dezembro de 1957: presidente Juscelino é cumprimentado pelo seu ministro da Guerra, general Lott, por ocasião da passagem do Natal.

manteve cético em relação ao ajuste da economia no Brasil e pouco disposto a adotar um programa de assistência ao país. Em represália, enquanto Lucas Lopes voava para os Estados Unidos a fim de assumir o compromisso de ampliar as medidas corretivas do PEM, JK defendia, no Catete, o reatamento das relações comerciais com a União Soviética e o mundo socialista, sob as ovações da camarilha sindical.

Logo, uma campanha de descrédito contra a economia nacional ganhou corpo. Lucas Lopes adoeceu e Juscelino, à frente das negociações com o FMI, decidiu radicalizar sua posição diante do que chamava de "imposições monetárias". Restava-lhe submeter o país às condições do banco ou romper com ele e dar prosseguimento ao seu programa desenvolvimentista. E foi assim que, em junho de 1959, o presidente do Brasil mandou acintosamente o FMI às favas.

E assim o Brasil aprendeu a buzinar

JK era um sonhador, mas ousava fazer. Conseguiu transferir a capital para "o meio do nada" e construir Brasília em apenas 42 meses: inaugurada em 21 de abril de 1960, a cidade foi tombada e hoje é apontada como uma das obras arquitetônicas e urbanísticas mais relevantes da atualidade.

Mas o presidente mineiro não olhava só para cima: olhava para a frente; olhava para a TV. E foi o primeiro político do Brasil a usar a mídia em benefício próprio, como meio de promoção: ao medir forças com o FMI, fustigado pelos investidores estrangeiros mas apoiado pelas classes empresariais brasileiras que endossavam seu projeto de expansão estatizante, foi aclamado pelo povo que acompanhava as negociações com os

18 de novembro de 1959: JK e o presidente da Volkwagen mundial desfilam na inauguração da VW do Brasil.

banqueiros quando teve seu rompante nacionalista – e rompeu com o FMI –, mas, nos bastidores, não deixou de acionar seu embaixador em Washington, o banqueiro Walther Moreira Salles, para que retomasse as negociações com os credores e com eles selasse um acordo à mineira, mediante um pedido de desculpas formal.

O impasse encontraria solução definitiva em fevereiro de 1960, quando, em visita ao país, o presidente norte-americano Dwight Eisenhower indagou se JK gostaria de reatar com o FMI, em bases novas. Diante da afirmativa, o FMI liberou, em maio, um importante empréstimo ao Brasil.

Este era Juscelino Kubitschek de Oliveira: um administrador amadurecido de incontestável tino para assuntos de política e diplomacia. Um homem ardiloso, que conhecia a arte de se insinuar.

A inflação anual de 13%, que quase levou o Brasil à bancarrota, ele qualificou de "irrisória" e a ela sobrepôs uma taxa de crescimento econômico médio de 7% ao ano, ao longo de seu mandato. E se a economia era acometida, vez ou outra, por sobressaltos –, ora, o que importava era a estabilidade política e a prosperidade social!

"JK era camarada, conversava com a gente na cozinha, provava tiragostos na panela", dizia José Aluízio de Pontes, que serviu o presidente como garçom, durante três anos – entre 1958 e 1960 –, no Palácio da Alvorada.

O pernambucano lembra que a primeira coisa que JK fazia, ao chegar à sua mesa de trabalho, logo pela manhã, era tirar os sapatos e se pôr descalço, em razão de uma ferida de infância que nunca cicatrizou corretamente. "Ele era como nós, um homem simples."

Simples a ponto de levar para o gabinete uma marmita preparada pela esposa, dona Sarah; simples a ponto de almoçar em casa, vez ou outra, e não esquecer de convidar os assessores para saborear um autêntico arroz com quiabo, galinha ao molho pardo e couve à mineira.

Simples e complexo a ponto de manter a calma quando o seu quadrimotor *Viscount* – primeiro avião presidencial do primeiro político brasileiro a ter um avião pessoal – enguiçou enquanto sobrevoava o Nordeste.

Conta-se que, ao ser informado do ocorrido, JK foi tranqüilamente para a sua cabine e vestiu um pijama. Pouco depois, soube que a situação se agravara: na verdade, três dos quatro motores estavam avariados.

Com poucas chances de sair com vida, o presidente assinou, então, a promoção de todos os militares que estavam a bordo com ele, aumentando assim a pensão das viúvas, e se sentou para esperar os acontecimentos.

Com apenas uma turbina em funcionamento, o avião conseguiu milagrosamente pousar – e Juscelino saiu sorrindo. Simples assim.

Peripécias à parte, ao deixar o Palácio do Planalto, no fim do seu governo, JK entregou ao seu sucessor um país industrializado, cujo PIB industrial era, pela primeira vez na História, maior que o PIB agrícola. O Brasil doravante tinha uma nova capital, cidades com um futuro promissor, como Goiânia e Anápolis, luzes e chaminés a todo vapor.

Entre mortos e feridos, o governo JK tinha alcançado boa parte de suas metas – algumas, ele chegou a superar –, embora também tivesse enfrentado maus bocados.

Em janeiro de 1959, por exemplo, o presidente vivia momentos de extrema tensão: pairavam sobre sua cabeça acusações de superfatura-

Romi-Isetta: o primeiro carro que circulou pelas estradas do Brasil.

mento durante a construção de Brasília e um impasse político em relação ao Nordeste.

A região ainda se debatia em meio à seca prolongada de 1958, quando, ao cabo de uma reunião com o economista Celso Furtado – interventor do Grupo de Trabalho para o Desenvolvimento do Nordeste (GTDN) –, pressionado pela Igreja Católica para encontrar soluções para acabar com a miséria crônica dos Estados que padeciam com a falta d'água, o chefe da nação reconheceu que havia cometido erros graves na condução da política para a região.

"Lamento que esta reunião não se tenha realizado no começo do meu governo. Doravante, o Nordeste terá a mesma prioridade que Brasília", prometeu o presidente a Furtado depois do encontro, reconhecendo que Alagoas, Maranhão e Pernambuco, entre outros, não se ressentiam de usinas, estradas e automóveis – mas de comida, água e casa.

Assim, um mês depois, Kubitschek assinava o decreto criando o Conselho de Desenvolvimento do Nordeste, embrião da Superintendência de Desenvolvimento do Nordeste (Sudene). Suas funções: debruçar-se sobre a criação e execução de metas de desenvolvimento para a região.

Celso Furtado, presidente do órgão entre 1961 e 1964, tratou de instituir de imediato uma política voltada para a produção de alimentos. Em seguida, mediante incentivos fiscais de toda sorte, buscou atrair indústrias.

Assim, o bandeirante JK decifrou a fórmula mágica para desenvolver o Nordeste e conseguiu se esquivar das acusações de ter virado as costas à porção miserável do Brasil que não conseguia acompanhar o ritmo de industrialização desejado. Efetivamente, a partir de 1960, a região conheceu um importante surto de crescimento.

Juscelino também admitiu outro erro durante seu mandato – e ele dizia respeito à política adotada em relação à Educação.

A febre de construir estradas, hidrelétricas e uma nova capital não havia deixado fôlego para o ensino. Do total de US$ 4,83 bilhões previstos para o Plano de Metas, a destinação para o setor não passava de 3,4% – e, ainda assim, ele só fazia jus aos investimentos porque o aporte de recursos favorecia indiretamente a indústria, permitindo a qualificação de mão-de-obra técnica.

O único grande feito de JK em relação à Educação foi abrir caminho para a construção da Universidade de Brasília (UnB), idéia que o urbanista Lúcio Costa teve de defender com unhas e dentes até conseguir convencê-lo.

Não obstante isso tudo, muitas coisas agradavam aos brasileiros, naquele tempo: os gols de placa de Mané Garrincha e Pelé, as performances de Éder Jofre e Maria Esther Bueno no boxe e no tênis, a qualidade dos livros e filmes produzidos – *Grande Sertão: Veredas*, de Guimarães Rosa; *O Pagador de Promessas*, de Dias Gomes; *O Homem do Sputnik*, de Carlos Manga.

Respirava-se crescimento, mudança. O país gingava de satisfação ao som da bossa nova e, incontestavelmente, já eram nada menos que 133 mil cidadãos em seus fuscas, Simcas, Gordinis, DKWs e FNMs recém-adquiridos que realizavam o sonho de Juscelino de trafegar por estradas sem fim.

O país com o qual sonhava JK tinha Simcas, DKWs e Gordinis reluzentes. Além de estradas a perder de vista.

O HOMEM SORRISO

capítulo 3

Os pés invariavelmente descalços, foi nas ruas de Diamantina que o menino Juscelino apanhou as pepitas de perseverança com as quais pavimentou a vida. Amante da boêmia que as noites de seresta salpicaram sobre sua infância, da mãe herdou coragem; do pai, o poder de comunicação – e foi no seio da família de Júlia e João César que cresceu o menino a quem a vida confrontou, de forma algo profética, pelo menos duas vezes com o que lhe reservava a História.

A primeira aconteceu quando, aos 6 anos, presenciou a visita do presidente de Minas à sua cidade natal: "[Ao ver] aquele rebuliço, um governador a cavalo, meu tio abrindo uma champanha – o estampido da garrafa –, achei aquilo de uma importância considerável. Foi a primeira vez que tive a sensação de contato com uma pessoa importante".

A segunda foi quando, numa excursão às ruínas gregas, ele ouviu do guia: "Na Grécia Antiga, Péricles era acusado de gastar demais para fazer o Partenon. Ele se sentou no rochedo de Pnix, que servia então de tribuna, e disse aos atenienses: *Isto vai desafiar os séculos e os milênios. Se [vocês] não têm orgulho desta obra, da grandiosidade dela, eu mesmo a pagarei*. E assim ela prosseguiu".

Séculos depois, o Partenon ainda encanta e qualquer alusão a Brasília....

Uma infância miserável na terra da opulência

Se o violão com o qual João César embalava as noites de seresta de Diamantina tivesse o fôlego de uma trombeta, certamente toda Minas Gerais teria ficado sabendo da novidade ocorrida no sobrado da rua Direita, naquele 12 de setembro de 1902 – mas tudo o que o ex-delegado de polícia e caixeiro-viajante conseguiu fazer foi escrever, com uma mão trêmula, uma carta ao primo que vivia num povoado vizinho: "Zino, nasceu ontem o futuro presidente do Brasil. O nome dele é Juscelino Kubitschek de Oliveira".

Vivo e desembaraçado por natureza – "figura obrigatória nos salões de dança da cidade e conhecido por Deus e o mundo" –, João César de Oliveira contagiou com sua alegria em ser pai os moradores que viviam às margens do rio Piruruca. E não é preciso dizer que, sob os acordes do instrumento deste "exímio dançarino" e boêmio, "rapagão esbelto e excelente criatura", nos dizeres de Francisco de Assis Barbosa, biógrafo de JK, no Arraial do Tijuco a serenata correu ainda mais solta, noite adentro.

João César ainda trazia nos olhos o sonho de se aventurar pelo Rio de Janeiro, capital do império agonizante: saltando de uma ocupação para outra, havia deixado para trás o seminário de Diamantina, seus castigos corporais e a palmatória; o Corpo de Bombeiros e o balcão das lojas atrás do qual se esmerava em biscates de toda sorte – mas, à frente da radiante Júlia Kubitschek, o acaso não lhe deu muitas opções, e ele acabou voltando para casa e se casando com ela.

"Minha mãe era uma mulher corajosa, disposta, brava. Meu pai era um homem muito inteligente, de temperamento boêmio e, como todos os habitantes daquela cidade, gostava de serenata. A maneira com que o diamantinense extravasava o seu desejo de manifestação artística era através das serenatas; não havia noite de luar sem que os grupos deslizassem pelas ruas tranqüilas, pequenas, ruas íngremes, banhadas pela luz do luar, detendo-se de porta em porta e debaixo das janelas de suas amadas, cantando as modinhas que vinham desde a fundação da cidade e cujas origens ninguém conhecia."

Juscelino Kubitschek

Júlia tinha 24 anos quando subiu ao altar com João César – casou-se tarde para uma moça de sua época. Circunspecta e comedida, em matéria de temperamento, a terceira filha de Maria Joaquina Coelho e Augusto Elias era o avesso do noivo. Professora primária, mantinha a quase erudição e os modos recatados da Boêmia, região do Império Austro-Húngaro de onde seu avô, Jan Nepomusky Kubitschek – o *João Alemão* –, tinha saído, nos idos de 1830, para caçar diamantes no Brasil. Era o final do Primeiro Reinado e a fartura das Minas Gerais já estava se esvaindo. Aos poucos, este imigrante católico se aquietou da febre do garimpo, estabeleceu-se como marceneiro e ali mesmo, na região do Serro – antiga Vila do Príncipe, próspera até a exaustão das reservas de ouro e diamante –, constituiu família e teve três filhos.

Júlia e João César trouxeram ao mundo três crianças: Eufrosina, que viveu poucos meses, Maria da Conceição, apelidada Naná, e o caçula Juscelino, um ano mais novo que a irmã.

Naná e Nonô, como era chamado JK, cresceram pobres, mas as coisas se agravaram consideravelmente naquele ano de 1905, quando uma implacável tuberculose ceifou precocemente a vida do pai João César, aos 33 anos de idade, condenando a professora Júlia a arcar com a educação das duas crianças. Nonô não tinha, então, mais de 3 anos, mas já podia vislumbrar um longo caminho de privações abrindo-se à sua frente: "Papai, como acontecia muito naquele tempo, fazendo uma serenata numa cidadezinha próxima de Diamantina, chamada Rio Vermelho – próxima hoje, porque, naquele tempo, levava quatro dias a cavalo para chegar lá –, apanhou um resfriado. O resfriado passou para uma pneumonia e, como acontecia sempre, deu origem a uma tuberculose. Papai chegou a Diamantina – nós éramos muito crianças – tendo sido carregado numa rede no ombro de dois possantes mulatos, durante quatro dias, pelas estradas que não existiam, pelos rios que não tinham pontes. Já chegou tendo, como sinal de sua doença, a primeira hemoptise.

Como ele era um homem muito cuidadoso, e tinha muito receio de que nós nos contaminássemos com sua enfermidade, alugou outra casa e passou a viver nela. Lá mamãe vivia quase o dia todo com ele, só vindo à noite dormir conosco. Foi aí que ele viveu durante um ano. Com a morte dele, se já não éramos ricos, tornamo-nos ainda mais pobres", escreveu, lembrando que só calçou o primeiro par de sapatos aos 12 anos.

Valente e enérgica, Júlia Kubitschek já era talhada para as rudezas da vida quando enviuvou: formada na Escola Normal de Diamantina, havia decidido continuar trabalhando, mesmo depois de casada, e assim costumava cobrir a pé, todos os dias, quase dez quilômetros entre sua casa e o grupo escolar onde lecionava, no vizinho distrito de Palha. De modo que, depois da morte do marido, ainda que as dificuldades contribuíssem para endurecê-la um pouco mais – a ponto de ela raramente beijar os filhos ou lhes fazer alguma demonstração de carinho –, seu "severo pragmatismo", como relata um de seus alunos, o coronel Affonso Heliodoro, a levou a assumir pessoalmente a tarefa de lhes ensinar as primeiras letras, recusando qualquer auxílio familiar.

Afinal, o tio João Nepomuceno Kubitschek tinha invejável posição política – havia sido senador constituinte estadual em Minas Gerais, em 1891, e vice-presidente do Estado entre 1894 e 1898, durante a presidên-

As primeiras letras, à revelia do destino

"Mamãe, muito severa, muito enérgica, (...) tomou conta da nossa educação. E papai sempre dizia: 'Olhe, Júlia, estou feliz de morrer antes de você, porque você tomará conta dos nossos filhos muito melhor que eu.' E mamãe se dedicou inteiramente à nossa educação. (...) a princípio [era] professora particular, porque nem sequer grupo escolar Diamantina possuía naquele tempo. Eram escolas particulares, onde cada aluno pagava o que podia. E como mamãe não podia ter empregada, ela nos levava para a escola e nós ficávamos, eu e minha irmã (...) na escola, sentados, no chão, o dia inteiro, porque ela dava dois turnos de aulas, das 7:00 às 11:00 e das 12:00 às 16:00, assistindo ao trabalho dela. Quando terminava, íamos para casa, almoçávamos e voltávamos."

Juscelino Kubitschek

cia estadual de Crispim Jacques Bias Fortes – e poderia lhe ter adiantado algum dinheiro: poeta, era famoso e andava por São Paulo a produzir versos, beber cachaça e colecionar noites de seresta e boêmia na companhia de renomados literatos – Castro Alves, Bernardo de Guimarães e Aureliano Lessa, entre outros.

Mas, discreta e avessa à vida social, Júlia preferiu lançar mão de seus próprios recursos. E, sem ter com quem deixar os filhos em casa enquanto dava suas aulas, ela resolveu o problema carregando-os consigo para a escola todos os dias. Deles exigia um comportamento exemplar, extrema atenção em classe e dedicação aos estudos – e, assim, Naná e Nonô atravessaram a infância entre os bancos de escola, observando o trabalho da mãe sentados no chão, e a modesta casa de pau-a-pique alugada na rua São Francisco, onde raros móveis – entre eles, um guarda-roupas e uma cadeira feitos pelo bisavô marceneiro – imprimiam algum calor humano. Até que os dois irmãos terminaram o curso primário.

Júlia, a rainha-mãe que desafiou a sorte

Nascida em 1873, a professora primária Júlia Kubitschek era discreta e pouco emotiva. Tinha um comportamento que refletia a rígida educação prussiana herdada dos pais: severa, pragmática, começou a ensinar as primeiras letras a crianças em 1895 e, desde então, dedicou a maior parte do seu tempo aos seus compromissos escolares.

Quando João César adoeceu, alugou uma casa nas vizinhanças onde passou a viver com os filhos, Naná e Nonô. Durante o dia, fazia companhia ao marido em quarentena e, à noite, dormia com as crianças.

JK e dona Júlia: educação prussiana e contenção emocional.

As dificuldades certamente contribuíram para endurecê-la: mesmo depois de enviuvar, Júlia manteve sua rotina diária, carregando as crianças para a escola consigo e obrigando-as a cruzar longas distâncias a pé. "Mestra Júlia tinha a majestade de uma rainha e a integridade de um juiz: firme, segura, mas muito brava. (...) Seus gestos eram comedidos e suas exteriorizações sentimentais, raríssimas e discretas. Nunca fazia carinhos desnecessários [aos filhos]. Eles (...) é que, adultos, a beijavam. Mas ela fingia não estar percebendo a carícia do beijo e o carinho do gesto", conta seu ex-aluno Affonso Heliodoro dos Santos, ex-subchefe do gabinete civil do governo de Juscelino, no livro *JK – Exemplo e Desafio.*

Somente em 1907, ela conseguiu ser transferida para uma escola na cidade, por iniciativa do então governador de Minas, João Pinheiro, que lhe havia prometido fundar um grupo escolar em Diamantina e nomeá-la professora. Desta data em diante, a vida melhorou muito para todos os Kubitschek: todo fim de mês, ela recebia um ordenado do Estado – já não era "aquele dinheirinho picado de cada aluno", que ganhava como professora particular –, "alugou uma casinha melhor e nós passamos a ter um quarto mais confortável. As aulas já eram dadas num prédio alugado pelo Estado", relatou o próprio JK.

Júlia Kubitschek morreu em 1971, já perto de completar cem anos, sem se dar conta do sofrimento do filho que partiu para o exílio.

João César: triste ausência que deixou alegria

A alegria de viver, a palavra fácil e o poder de sedução de JK vieram do pai, João César de Oliveira, um ex-seminarista apaixonado por serestas

O amigo que partiu cedo demais

"Há episódios na vida de papai que vale citar, para ver como ele era um espírito boêmio. Na véspera da sua morte, um dos seus grandes amigos, Elisardo Eulálio de Souza, promotor da cidade, ia-se casar e levou sua noiva para visitar papai. Lá chegando, disse: 'João, eu trouxe uma garrafa de champanha para nós bebermos pelo meu casamento amanhã'. Mas, percebendo que papai já estava passando muito mal, febre alta, já nas últimas, não propôs sequer que se abrisse a garrafa. Mas papai disse: 'Não, Elisardo, abra a garrafa que eu quero beber à sua saúde com uma taça de champanha'. E os três ali beberam à saúde do casamento que se realizaria no dia seguinte, quando ele já tinha falecido."

Juscelino Kubitschek

que morreu vítima da tuberculose, antes de completar 34 anos, em 10 de janeiro de 1905.

Excelente dançarino, João César era presença incontestável às serenatas de Diamantina: com seu violão, embalava o cancioneiro regional sob a janela de alguma donzela apaixonada e costumava estender a boêmia noite adentro, pelos bailes municipais, em meio a jovens companhias que ele fazia rodopiar pelos salões.

Como o filho, este ex-caixeiro viajante e vendedor de loja estudou em seminário. Mas, logo no segundo ano, impressionado com a severidade dos castigos corporais, tratou de fugir e abandonar a batina.

Por causa deste rompante arredio, João César levou uma surra do pai, Teófilo Gomes, que, todavia, o autorizou a tentar a sorte no Rio de Janeiro. Ali, entre um biscate e outro, entrou para o Corpo de Bombeiros – atividade da qual o pai tratou de resgatá-lo imediatamente, com medo de perdê-lo entre as chamas.

Em 1898, João César se casou com Júlia Kubitschek e com ela teve três filhos – mas não chegou a acompanhar o crescimento dos filhos: o enterro do pai, realizado à noite, foi a primeira lembrança pujante do menino Juscelino, que não tinha então mais de 3 anos de idade.

O arquiteto de si mesmo

Aos 12 anos, a vida de Juscelino parecia morrer num beco sem saída: não havia escola ginasial em Diamantina e o rapaz não tinha dinheiro para estudar em Belo Horizonte. Tratou de encontrar emprego – batendo de porta em porta, em pequenas vendas. Não conseguiu.

Perseverante, arquitetou então um plano para seguir adiante com os estudos ali mesmo, na sua cidade natal, e assim ingressou no seminário diocesano, em 1914, único lugar onde poderia dar prosseguimento à sua formação. Em troca da gratuidade do curso, o diretor do seminário exigiu que o menino se tornasse padre. Juscelino prometeu ser médico. Ganhou apenas uma bolsa parcial.

Durante o tempo em que estudou com os padres lazaristas, em Diamantina, JK foi coroinha na igreja de Nossa Senhora da Luz e enfrentou uma dura rotina diária: levantava às 5:00, vestia a batina e passava o dia inteiro estudando. Antes de completar 15 anos, concluiu o curso de Humanidades do seminário, herdando da prática religiosa uma fé inabalável e uma rígida educação.

Mas, para ser médico e dar andamento aos seus estudos, ainda lhe faltavam algumas matérias – assim, ele só poderia realmente concluir o curso secundário em outra cidade. Foi quando tomou conhecimento de que tinha por opção se diplomar através dos chamados "exames por decreto", isto é, estudando por conta própria. De fato, por causa da gripe espanhola, haviam sido instituídas em todo o país, a partir de 1918, medidas de emergência que permitiam ao candidato requerer o certificado de conclusão do ginásio, prestando os exames de qualquer lugar do Brasil.

A alternativa lhe caía do céu: Juscelino mergulhou nas matérias que lhe faltavam, estudou sozinho ou sob orientação de parentes e prestou os exames em Diamantina. "Eram 12 provas ao todo, divididas em três séries: português, francês, inglês, latim; aritmética, álgebra, geometria, geografia, física e química; história universal, história do Brasil e história natural", lembra.

Saída para um beco sem saída

"Então, entre 15 e 18 anos, pensei: 'O que vou fazer?' Tornei a insistir para ver se arranjava emprego; não consegui. (...) Falei com mamãe: 'Vi que não há possibilidade de eu me colocar aqui em Diamantina, e tenho que estudar. Quando eu tiver uma chance, saio daqui, mas tenho que sair preparado.'
Passei a mão num programa do Colégio Pedro II que, naquele tempo, era o ginásio oficial do Brasil e comecei a me preparar. Em Minas Gerais só tinha um ginásio, em Belo Horizonte. Era um atraso terrível.
Às 6:00 da manhã, eu me levantava e sentava na minha mesinha. Meu quarto ainda está lá, tem 2 metros por 2,5; um cubículo (...) Pegava o programa: português, francês, inglês, geografia, história, história natural, química, física. (...) Era autodidata, porque não tinha professores (...) era muito mais difícil, claro, mas eu me debruçava ali no livro. Línguas, era na base do dicionário."

Juscelino Kubitschek

Assim, inicialmente ele prestou quatro exames. Bem-sucedido, restavam-lhe apenas oito provas – e o próximo passo seria a universidade.

Em 1919, foi informado de que o *Diário Oficial* havia publicado um edital abrindo concurso para telegrafistas em Belo Horizonte. A sorte enfim lhe batia à porta: esta era sua grande chance de morar na capital mineira, com emprego garantido na Repartição Geral dos Telégrafos, e cursar a faculdade de medicina: "Quando eu tinha cerca de 17 anos, um médico que morava perto de minha casa – era Mata Machado, que tinha sido deputado – era diretor dos Correios (...) trouxe um jornal e me mostrou a abertura de um concurso para o telégrafo, em Belo Horizonte. Minha imaginação se incendiou: 'Se eu fizer esse concurso e arranjar um emprego, estou salvo'. Fui para mamãe e mostrei o jornal. Ela perguntou: 'Mas você está preparado, meu filho?' Respondi: 'Mamãe, eu estou preparado para fazer esse concurso, e coisa muito superior a isso. Há três anos que eu não faço outra coisa a não ser estudar. Eu preciso é do dinheiro'. Ela disse: 'Mas não há dinheiro'".

Para concorrer ao cargo de telegrafista dos Correios, porém, JK ainda precisava forjar uma nova certidão de nascimento: como ainda não tinha 18 anos, idade mínima exigida pelo regulamento do concurso – só tinha 16 –, sua família decidiu recorrer ao amigo Antônio Honório Perpétuo, oficial do registro civil em Diamantina, para que falsificasse a data de nascimento do menino, mudando-a de 1902 para 1900. O documento adulterado atendia, naquele momento, a uma boa causa, mas acabou sendo usado para a confecção do diploma universitário de JK e ele se fez dois anos mais velho para o exercício da medicina!

Fachada da casa onde JK passou parte da infância, em Diamantina.

“Na velha e querida Diamantina, eu era o Nonô, menino pobre, filho de Dona Júlia, que andava descalço e não tinha onde estudar.”

Juscelino Kubitschek

Atendidas todas as exigências para concorrer a uma vaga de telegrafista-assistente ao lado de outros 89 candidatos, finalmente o rapaz arranjou o dinheiro da passagem para Belo Horizonte com um amigo da família: "Afinal, havia um amigo [da minha mãe] (...) eu disse: 'A senhora vai pedir emprestado a esse seu amigo 200 cruzeiros, e eu mesmo vou dar um jeito de pagar, depois. (...) Esse homem também se chamava Juscelino, mas ele assinava com o – Jocelino. Emprestou os 200 cruzeiros'".

Embora admitido em 19° lugar, ainda foi obrigado a praticar o código Morse e esperar meses até ser nomeado, o que só aconteceu em maio de 1921.

Nesse mesmo ano, JK completou os exames necessários para adquirir o diploma de conclusão do secundário – finalmente, já podia dirigir os olhos para alguma faculdade: "Quando chegou a época de eu prestar os exames, falei com minha mãe: 'Tenho que voltar a Belo Horizonte, para fazer os primeiros exames parcelados. A senhora vai dar um jeito nisso para mim?'

Coitada da mamãe: tinha um cordão de ouro, que tinha sido da mãe dela, ao qual nós não dávamos valor algum. Eu perguntei: 'Mamãe, quem sabe se esse cordão vale alguma coisa?' Ela falou: 'Pegue o cordão, vá lá no ourives (...) e pergunte a ele se vale alguma coisa, se ele quer comprar'. Fui lá e ele disse: 'Eu posso dar 180 mil réis'. Eu achei uma fortuna. Vendi o cordãozinho e voltei para Belo Horizonte. Fiz os meus primeiros exames: francês, inglês... Tirei 8 nas duas, tendo estudado sozinho."

Ele prestou vestibular, passou e se matriculou na Faculdade de Medicina da Universidade de Minas Gerais, a mesma de onde tantos talentos já haviam saído para o mundo ou ainda sairiam: o virologista José Noronha Peres e o cirurgião plástico Ivo Pitanguy, entre outros.

Humanista e autodidata, JK já era amigo de todas as letras – e isso desde a mais tenra infância, quando adotou o costume de devorar tudo o que lhe passava pelas mãos. Em Diamantina, "havia uma pequena biblioteca (...) na sede da União Operária, com 300 volumes. Li os 300", disse certa vez. "Se fosse astronomia, lia astronomia; se fosse espiritismo, lia espiritismo; história, lia história – li os 300."

Na adolescência, também criou o hábito de pedir emprestado livros a advogados e médicos da cidade: "*Eu ia lá e perguntava: O senhor podia me emprestar? Prometo devolver o livro.* Uns não emprestavam, outros achavam engraçado e emprestavam, e eu devolvia religiosamente".

Tinha um apreço especial pela língua francesa, que dominava com perfeição e que havia aprendido, em Diamantina, com uma parisiense casada com um brasileiro às voltas com o garimpo. Como tantos outros que quebraram com a mineração, essa família acabou na miséria, com sete filhos para sustentar. A francesa abriu, então, uma escolinha de francês para poder sobreviver: "Ela cobrava três mil réis por mês e eu comecei a freqüentar a aula. (...) Ela ficou muito minha amiga; eu tinha 17 anos. Nós estudávamos, líamos juntos. (...) Traduzi todo o teatro clássico francês: Molière, Voltaire, Racine. Isso me deu um amor enorme à literatura francesa", dizia.

Esta camaradagem com as artes – urbanismo, arquitetura, pintura, música – foi, por outro lado, fortalecida com o convívio acadêmico, em plena fermentação da Revolução de 30, com a nata da *intelligentsia* universitária brasileira – Guimarães Rosa, Carlos Drummond e outros.

Durante os seis anos em que se dedicou aos estudos superiores, JK manteve o emprego de telegrafista para garantir seu sustento. Estudava muito,

Um médico valente em ação

"Cheguei em Belo Horizonte e tive uma gripe muito forte. Eu estava muito combalido pelo esforço que havia feito, no trabalho e no estudo. (...)
Quando me levantei, ainda sem capacidade para me locomover, fiquei convalescendo na casa de Júlio [Soares, colega de faculdade, médico e cunhado]. Foi nesse período que ele me propôs uma providência que alterou radicalmente o meu futuro.
(...) Uma tarde, depois do almoço, ele me pôs dentro do seu automóvel e fomos para seu consultório. Ele me colocou um avental branco nas costas e disse: 'Sua sala é esta; eu vou atender aqui uns doentes e transferir para você os doentes que puder. Vamos trabalhar juntos'. Efetivamente, foi isso que aconteceu. Durante dois anos, trabalhei intensamente com Júlio."

Juscelino Kubitschek

trabalhava à noite – da meia-noite às 6:00 da manhã, para ter os dias disponíveis para freqüentar a escola: "Vivia cabeceando de sono, (..) atormentado com aquele sono, mas estudando, estudando ininterruptamente".

Nessa mesma época, conheceu José Maria Alkmin, colega de ofício com quem estabeleceu uma amizade para a vida toda. Também foi apresentado a Júlio Soares, estudante de medicina em Belo Horizonte e mais tarde marido de sua irmã Naná.

Formou-se em 17 de dezembro de 1927 – na mesma turma que Pedro Nava, criador da reumatologia brasileira e escritor, e Pedro Salles, importante historiador da medicina brasileira – e foi trabalhar na Clínica Cirúrgica da Santa Casa de Misericórdia. Três anos depois, aos 27 anos, já tinha boa clientela e dinheiro suficiente para fazer uma especialização em urologia na Europa, alguns estágios e uma excursão pelo Oriente Médio. Na Europa, o *doutor* Kubitschek também pôde dar asas à sua sede de cultura freqüentando igrejas, museus e castelos.

Para o menino pobre, a quem o passado tinha roubado o horizonte, a medicina já não era mero exercício de futurologia.

Hipócrates abre as portas ao seu discípulo

A vida universitária de JK muito exigiu do seu caráter e do seu organismo: durante anos, ele trabalhou de dia e estudou à noite – e mais de uma vez sucumbiu a longos resfriados e ao medo de contrair a mesma doença que havia matado o pai. Mas, apesar dos esforços, os tempos de penúria pareciam estar definitivamente enterrados: em 1928, um ano depois de

Alkmin: amizade trincada pelo poder

Amigos, amigos; política à parte – esta poderia ter sido a máxima que uniu JK e José Maria Alkmin ao longo da vida.
Nascido em Bocaiúva e um ano mais velho que ele, Alkmin se aproximou de Nonô a partir de 1916, quando foi estudar em Diamantina.
Abraçou a vida pública em 1934, ao conquistar uma cadeira como deputado federal, e seguiu pelos trilhos da política até a morte, em 1974. Só perdeu uma eleição, no final da vida.
A estreita ligação com JK lhe valeu uma nomeação para o cargo de secretário estadual e ministro da Fazenda. Antes, ao lado do amigo de infância, foi um dos fundadores do Partido Social Democrático (PSD), e, em 1955, articulou a campanha de JK e Jango à presidência da República.
A rápida aceitação da renúncia de Jânio Quadros na Câmara dos Deputados, em agosto de 1961, teve sua efetiva participação e dá provas de astúcia política, pois permitiu desarmar a cilada que o ex-presidente tentava arquitetar, na época, para voltar ao governo imbuído de novos poderes.
A amizade entre Alkmim e JK desaguou num beco sem saída em 1964, quando o golpe militar os afastou definitivamente: enquanto o companheiro alimentava o sonho de voltar ao Planalto nas eleições seguintes, Alkmin enfurnava-se na ditadura, aceitando o cargo de vice do marechal Castelo Branco, primeiro presidente dos anos de ferro no Brasil.
Mais tarde, ao ser indagado por um repórter se já tinha sido informado da cassação dos direitos políticos do velho amigo e senador JK – afastado da vida pública pelo marechal Castelo Branco por dez anos – e como havia recebido a notícia, a velha raposa mineira respondeu com esta tirada antológica: "Recebi pelo telex, meu filho".

sua formatura, foi nomeado professor-assistente da cadeira de Física Médica da Faculdade de Medicina de Minas Gerais – regida pelo professor Baeta Viana – e acumulou a função de interno na 3ª Enfermaria da Clínica Cirúrgica da Santa Casa de Misericórdia de Belo Horizonte, onde trabalhou ao lado de seu cunhado e amigo, dr. Júlio Soares. Em breve, também se tornaria sócio dele numa clínica particular.

Ainda nesta época, foi destacado médico da Caixa Beneficente da Imprensa Oficial, cargo para o qual foi indicado por interferência do amigo José Maria Alkmin, subdiretor do órgão durante o governo de Antônio Carlos Ribeiro de Andrada.

Mas JK estava decidido a aprofundar seus estudos e se especializar em urologia – por isso, um ano e meio antes de se casar com Sarah Kubitschek, em dezembro de 1931, decidiu fazer uso das economias que tinha acumulado até então e viajou para a Europa. No Hospital Cochin, em Paris, foi aluno do dr. Maurice Chevassu, renomado urologista na época, e fez estágios em Viena e em Berlim. Também aproveitou para conhecer o Oriente Médio.

Da Revolução de 3 de outubro de 1930, portanto, nada testemunhou. Quando voltou ao Brasil, Getúlio Vargas já havia assumido a chefia do Governo Provisório e Olegário Maciel era o único governante estadual eleito antes da Revolução que se mantinha no poder, em Minas Gerais.

De volta a Belo Horizonte, JK logo reassumiu suas funções e montou o próprio consultório. Em 1931, por intermédio de Gabriel Passos, secretário particular de Olegário Maciel e seu futuro concunhado, foi convidado a integrar o corpo de médicos do Hospital Militar da Força Pública

Adrenalina, cultura e bisturis

"O começo da vida profissional de um médico é muito emocionante, sobretudo para quem tem, como eu tinha, uma noção de responsabilidade muito grande. Eu era realmente discípulo de Hipócrates, porque considerava a medicina um sacerdócio. (...) Mas, durante esses dois anos, foi um trabalho muito intenso. Eu não tinha nem tempo para gastar dinheiro, porque trabalhava dia e noite. Juntei uns cobres e resolvi ir à Europa, o grande centro científico da (...) cirurgia urinária.
Eu gostava imensamente da cultura francesa (...) Hugo, Balzac, Zola (...) Fiquei conhecendo Paris [mas] quando chegaram as férias (...) pensei: 'O que vou fazer?' (...) Havia uma excursão pelo Mediterrâneo: Egito, Jerusalém, Síria, Turquia (...). Gostei extraordinariamente (...). Em Atenas, um professor da Escola de Direito de Atenas me acompanhou ao Partenon e passei o dia lá com ele (...) conversando sobre o discurso de Péricles, ali no Pnix."

Juscelino Kubitschek

do Estado e organizar o Serviço de Laboratório e Pesquisas. Uma vez instituído o departamento, passou a chefiar o Serviço de Urologia, no posto de capitão-médico.

Pouco depois, o acirramento do conflito entre as oligarquias paulistas e o governo federal precipitou a Revolução Constitucionalista de 9 de julho de 1932, em São Paulo, mas, durante alguns dias, Minas Gerais ainda hesitou em ordenar a mobilização da sua Força Pública.

Em 15 de julho, Olegário Maciel finalmente definiu a posição do Estado, manifestando apoio ao Governo Provisório. E, no dia seguinte, as tropas mineiras foram enviadas em direção ao Sul, com o intuito de conter o avanço dos paulistas.

Juscelino embarcou junto com o 1º. Batalhão da Força Pública, sob o comando do tenente-coronel Francisco de Campos Brandão. Destino: a região da Serra da Mantiqueira, na fronteira com São Paulo, onde, em razão do grande número de baixas registradas, tinha ordens de instalar um hospital de sangue na cidade mineira de Passa Quatro.

Ao lado do seu professor de faculdade, Otaviano de Almeida, JK era o único médico do modesto hospital. À sua volta, contavam dezenas de feridos em meio a precárias condições de atendimento. De tudo faltava um pouco – a ponto de eles serem obrigados a improvisar, no *front* de batalha, um pronto-socorro dentro de um vagão de trem, onde chegaram a extrair uma bala do crânio de um soldado que sobreviveu sem seqüelas. A dedicação do médico recém-formado aos feridos era impressionante – e foi entre balas e gritos de dor que JK impressionou o delegado de polícia local. Um ano depois, ele se tornaria interventor federal no Estado e principal articulador da vida pública do ex-presidente. Seu nome: Benedito Valadares.

Quando, por fim, diante da pressão das forças legalistas, os rebeldes abandonaram o campo de batalha no setor "Túnel da Mantiqueira", Juscelino foi incumbido de transferir os feridos para Guaxupé e Varginha, cidades mineiras onde existiam melhores recursos médicos. Depois disso, teve permissão para voltar para casa.

JK qualificou este começo de vida profissional como "muito emocionante" – sobretudo para quem, como ele, tinha "uma noção de responsabilidade muito grande". De fato, para ser talhado como verdadeiro "discípulo de Hipócrates", como se dizia ser, e considerar "a medicina um sacerdócio", em muito contribuiu a infância pobre em Diamantina.

Do passado de privações, apenas uma lesão não cicatrizava a contento. Uma não, duas: na verdade, em toda a sua vida, o *doutor* Kubitschek apenas se curvou diante de duas únicas feridas, capazes de lhe minar a resistência física e o invejável bom humor: a infância descalça – que lhe rendeu um corte no pé que jamais sarou realmente, motivo pelo qual, já adulto, sentia fortes dores, a ponto de ser obrigado a usar mocassim ou, então, a tirar os sapatos onde quer que estivesse – e os anos de exílio.

Serafim Jardim, um dos escritores que vasculharam sua biografia, conta no livro *Onde está a verdade?* que o ex-presidente se tornou diabético em virtude da forte pressão psicológica que sofreu quando, ao voltar da primeira vez do exílio, em outubro de 1965, foi obrigado a ouvir repetidas vezes a gravação de um discurso de Luís Carlos Prestes, no qual o líder comunista manifestava apoio à sua candidatura à presidência da

República, nas eleições de 1955. Em seguida, JK era abandonado aos refluxos da própria consciência durante horas a fio, para que pudesse esclarecer em que termos havia consolidado esta aliança.

Antes, porém, o primeiro atentado mais sério à saúde de JK ocorreu no final de dezembro de 1959, quando ele ainda estava no exercício da presidência e sofreu um infarto, rapidamente abafado pelos seus assessores.

Ainda no exílio – e curiosamente para um urologista – chegou a escrever de Lisboa ao seu advogado Jair Leonardo Lopes, em janeiro de 1967: "Pela primeira vez, sinto abalar-se a minha saúde em virtude da sedimentação das angústias provocadas pelas constantes ameaças".

JK tinha razão em pressentir algo: três anos mais tarde, em março de 1970, submetia-se a uma cirurgia em Nova York para remover um tumor na próstata. A operação, contudo, resolveu apenas em parte o problema: segundo artigo publicado na revista *Veja* em 1997, descobriu-se tarde demais, em 1975, que o câncer já tinha atingido outros órgãos.

Empenho e retidão para traçar um país em 360 graus

JK tinha uma capacidade de trabalho assombrosa: não raro, estendia seu expediente no Palácio do Catete por mais de 15 horas. Com seu Plano de Metas – dividido em Energia, Transportes, Alimentação, Indústrias de Base e Educação –, transformou definitivamente o país num canteiro de obras. Não bastasse, ao voltar para casa, o chefe da nação ainda trazia, segundo a filha Márcia, o mesmo "otimismo e entusiasmo inesgotável pela vida que os brasileiros conheciam".

Sapatos: franca aversão no homem adulto; luxo inacessível para o menino pobre.

Quando estava no Rio de Janeiro, tinha uma rotina árdua: acordava muito cedo e, às 6:00, já estava telefonando para os seus assessores. Tomava um café da manhã reforçado – pão com manteiga e queijo branco, café, frutas e um pequeno bife – e seguia para mais um dia de despacho no Palácio do Catete. Na hora do almoço, quando dona Sarah avisava por telefone que a comida estava pronta, voltava para casa – o Palácio das Laranjeiras, sua residência oficial –, almoçava e descansava dez minutos. Dizem até que chegava a fechar as cortinas e vestir o pijama...

Seu ritmo era tão frenético que, às vezes, quando não tinha tempo de repousar, tirava um cochilo no carro mesmo, no trajeto entre um compromisso e outro.

JK viajava muito pelo Brasil para inspecionar obras pessoalmente. Durante a construção de Brasília, costumava deixar pelo menos uma vez por semana o Rio de Janeiro com destino à cidade que rasgaria o cerrado, para acompanhar o andamento dos trabalhos. "Ele era um mestre-de-obras incansável, lembrou certa vez Wagner Canhedo, que na época comandava uma frota de mais de 300 caminhões que auxiliaram a erguer a nova capital. "Enquanto percorria os canteiros, cumprimentava a todos entusiasticamente e perguntava sobre nossas famílias." E no lançamento da pedra fundamental do Hotel Nacional, lá estava ele – de botas, comendo churrasco e tomando cerveja, plantas e croquis abertos em cima do capô dos carros.

Além de dinâmico, JK foi um homem solícito: a todos os peões chamava pelo nome e não hesitava em atender a pedidos, sempre que possível: certa vez, em visita a Brasília, o presidente de Portugal, Craveiro Lopes, que se encontrava hospedado junto com a família JK no Catetinho, con-

Fascínio pela tecnologia: JK foi um homem que se deixou seduzir por todas as formas de desenvolvimento possíveis.

fessou, antes de se deitar, que só conseguiria dormir "com um penico perto da cama". JK não se fez de rogado: no meio daquele descampado, apesar do adiantado da hora, determinou a seus assessores que providenciassem o acessório.

A mesma energia que imprimiu ao seu governo como chefe da nação, alocou ao exercício da medicina e à sua administração à frente do município de Belo Horizonte e do Estado de Minas Gerais – e assim se explica sua meteórica ascensão política, consolidada, também, em parte graças a uma empatia pessoal muito grande.

Afinal, não passa sem chamar a atenção o fato de JK ter conquistado uma cadeira como deputado federal, em 1934, graças ao apoio maciço dos seus antigos pacientes. E não deixa de causar surpresa o fato de sua sogra, dona Luísa, ter decidido levantar-se da cama – já muito idosa e doente – unicamente para depositar seu voto nas urnas em favor da candidatura de Juscelino e Jango, com o argumento de que não estava fazendo "nada além do dever".

"Antes de Juscelino, importávamos caneta esferográfica; depois dele, exportávamos automóveis", opinou certa vez um de seus assessores mais próximos, coronel Affonso Heliodoro dos Santos.

De fato, com a popularidade sempre em alta, JK pôde traçar metas e cumprir promessas – a despeito de tudo e de todos. Acima das suas contradições e fraquezas pessoais, cultivava um enebriante espírito conciliador: prefeito de Belo Horizonte, poderia ter asfaltado apenas algumas ruas da periferia e ampliado a rede de esgoto para conquistar a aprovação da cidade, mas fez questão de construir a Pampulha. Não bastasse, ex-seminarista e homem de fé, preferiu entregar a tarefa de criar o projeto arquitetônico do novo complexo a um comunista – Oscar Niemeyer –, causando indignação na Igreja Católica. Pior: encomendou ao marxista Cândido Portinari os afrescos que decoram a igreja São Francisco.

Dubiedade e conciliação também marcaram sua forma de tratar tanto as questões de futebol como de política: com igual zelo acolhia os torcedores do Cruzeiro, embora fosse conselheiro do arquiinimigo Atlético Mineiro. Já no campo político, em atitudes aparentemente contraditórias, optou pela intervenção estatal na economia, mas estimulou como nunca o investimento privado; abriu as portas ao capital estrangeiro e rompeu ruidosamente com o Fundo Monetário Internacional (FMI).

Dizem até que sua memória era impressionante, pois chamava todo mundo pelo próprio nome. Qual nada! A fórmula, entregou certa vez, era "simples" – embora astuciosa: "Você dá um abraço no sujeito e pergunta baixinho como se chama. Aí repete alto: *olá, fulano, como vai?*"

O homem que gostava de ver o Brasil de cima

Brincalhão mas sério; enérgico e boa-praça – um autêntico "presidente queijo-com-goiabada". Mineiro – isto é, um homem público de grande eloqüência e carisma, uma verdadeira raposa política, capaz de planos astuciosos: não sem razão, JK pertenceu a uma das melhores safras de políticos que Minas Gerais já ofereceu à vida nacional e fez jus ao apelido.

Conta-se que, certa vez, quando se encontrava em campanha pelo sertão nordestino, o ex-governador Juscelino Kubitschek foi abordado

“À medida que o tempo passava e progredia a execução do Programa de Metas, minhas excursões de fiscalização de obras iam se tornando mais freqüentes e, por fim, passaram a ser diárias. Certa vez, o embaixador da Alemanha, pilherando, perguntou-me onde morava, se no Catete ou no Palácio das Laranjeiras? Respondi-lhe no mesmo tom de bom humor: Moro no céu do Brasil”

Juscelino Kubitschek

DANGER
TO OPEN DOOR
KICK STOP

O poder e o cinema: na foto com Oscarito, o ex-presidente sempre demonstrou interesse pela sétima arte.

por três homens afoitos que cercaram a comitiva e logo foram perguntando: "Há algum médico entre os senhores? Fomos informados de que um dos políticos que passaria aqui hoje é doutor".

Imediatamente, os assessores trataram de proteger o candidato. Temiam ser um seqüestro.

"Bobagem!", retrucou Juscelino, montando no cavalo e embrenhando-se por um caminho de terra, mata adentro, na companhia dos três desconhecidos.

Ao chegar, desfez-se do paletó, arregaçou as mangas e ordenou que colocassem água para ferver e lhe trouxessem alguns panos limpos. Ao cabo de alguns minutos, o choro do recém-nascido cobriu os gritos de dor da mulher. Com uma velha tesoura desinfetada com cachaça, JK cortou o cordão umbilical do bebê e o entregou à mãe.

O pai não se continha em lágrimas; quis saber quanto devia. JK pegou, então, um pedaço de papel e anotou seu nome: "Você não me deve nada. Mas, nas próximas eleições, se puder, não se esqueça de mim".

Assim era Juscelino Kubitschek de Oliveira – um homem carismático e idealista, que agia de acordo com o que julgava ser pelo bem da nação. Como não atendesse interesses nem de partidos, nem de conterrâneos, amargou a ferrenha oposição do jornalista e presidente da UDN, Carlos Lacerda, carioca da gema que não aceitava a transferência da capital do Rio de Janeiro para Brasília.

Sabia se fazer rodear de gente competente – Oscar Niemeyer, o marechal Lott e Lúcio Costa, entre outros – e tinha algumas paixões explícitas: a seresta e os aviões, a vida em família e as artes, os carros e as mulheres.

Segundo o ex-deputado federal San Tiago Dantas, quem quisesse ser inimigo de JK deveria "ficar a pelo menos seis léguas de distância". Motivo? "Ele é uma pilha de simpatia."

Sem verdadeiro pendor para a atividade física, gostava mesmo é de dançar. "Seu esporte era a dança. Se estivéssemos num restaurante com música, pedia ao garçom para afastar a mesa e exercia o talento de pé-de-valsa", escreveu seu ex-secretário particular, Serafim Jardim.

O gingado e um inequívoco poder de sedução eram a medida exata para alimentar a fama de galanteador – que o diga Miguel Reale, jurista e amigo fiel de Ademar de Barros, político muito influente em São Paulo, mas quase inexpressivo em Minas Gerais.

Certa vez, Reale organizou uma festa em Belo Horizonte com o intuito de instalar um novo diretório do PSP na cidade. Havia boa música, fogos de artifício e se dançava ao ar livre, no melhor estilo populista. "A festança ia às mil maravilhas, com vivas a Ademar, quando Juscelino apareceu em visita de cordialidade", conta o jurista. Imediatamente, sua presença marcante calou o ademarismo. Os paulistas se recolheram de lado, enquanto Juscelino roubava a cena, rodopiando com as moças mais bonitas do salão. Em instantes, Ademar de Barros foi esquecido e o talento de JK, aclamado.

Amante da boa música, não havia visita de JK a Diamantina que não despertasse os seresteiros da cidade. Bastava ele colocar os pés por lá e o velho e já extinto restaurante *Senzala*, no centro histórico, se incendiava.

Juscelino apreciava em especial a música caipira. Certa vez, telefonou pessoalmente à cantora Inezita Barroso para convidá-la para uma visita ao Catete: queria ouvir suas canções ao vivo. Ela, pensando se tratar de uma brincadeira de mau gosto, lhe bateu o telefone na cara. JK não se deu por vencido: insistiu tanto que acabou convencendo a cantora.

Cinderela em Brasília: JK acolheu os artistas brasileiros que fizeram o sucesso da televisão no país.

Seresteiro
e exímio
pé-de-valsa,
o presidente
bossa-nova deu
novo ritmo
ao Brasil.

As mulheres eram um capítulo à parte na vida do político mineiro. *Bon vivant* incorrigível, durante quase duas décadas sustentou uma paixão arrebatadora pela carioca Maria Lúcia Pedroso e um romance proibido que perdurou até o fim da vida dele. Charmosa e loiríssima, Maria Lúcia era casada com o médico e ex-deputado José Pedroso e conheceu JK em 1958, numa festa no Palácio das Laranjeiras. No dia seguinte, já estavam se encontrando às escondidas. Ciumenta, Lúcia o obrigou mais de uma vez a escolher entre ela e as outras: "Ou você dissolve seu comitê feminino, ou nunca mais vai me ver", teria dito repetidamente. Pouco antes de falecer, já era de conhecimento público que JK estava inclinado a formalizar sua relação com a amante.

Apesar da queda pelas mulheres, Juscelino apreciava o convívio familiar e preservava hábitos caseiros. No exercício do poder, nunca abriu mão de almoçar com a família; telefonava religiosamente à mãe, todos os dias pela manhã, e, ao chegar em casa, a primeira coisa que perguntava, segundo a filha Maria Estela Kubitschek, era "como estão as notas na escola?"

Sua paixão pelos carros e aviões era irrefreável: em pelo menos três ocasiões atrelou seu governo a surpreendentes episódios sobre quatro rodas: no dia 28 de abril de 1958, o primeiro carro *made in Brazil*, um sedã DKW-Vemag com metade das peças fabricadas no país, saiu às ruas. Um ano depois, em janeiro de 1959, estava pronto o primeiro automóvel 100% nacional – o Fusca. Fevereiro de 1960 e um curioso desfile de veículos produzidos no Brasil e alinhados em quatro colunas saía por estradas recém-abertas, de pontos extremos do território nacional, com destino a Brasília: era a apoteose do sonho desenvolvimentista de JK.

Com os aviões, ele teve um caso de amor à primeira vista que remonta aos anos 30. Estudante de medicina em Paris, certa vez foi passar férias no sul da França, na cidade de Marselha, onde ficou hospedado no Hôtel de la Mediterranée. Ali, o "presidente voador" – como chegou a ser apelidado em uma crônica escrita por Rubem Braga em 1957 – viu no céu um pequeno avião aberto, com cabine para apenas um passageiro. Entusiasmou-se. Foi procurar o piloto no hangar e entendeu-se com ele: logo, voaria pela primeira vez – incuravelmente.

"Olhem (...), eu acho bom essa coisa de viver o nosso presidente a esvoaçar para um lado e outro do Brasil", diria muitos anos depois o cronista capixaba e autor de *As Coisas Boas da Vida*. "Não sei por quê, mas anima o interior e conforta o país, esse presidente volante que sorri cada dia em um município, dá abraços, come seu frango ao molho pardo e angu, inaugura um troço qualquer, diz coisas otimistas. (...). Por mim, eu prefiro um presidente voando a dois na mão. Voando, ele é um anjo federal, que não faz mal a ninguém (...) Voai, presidente, voai!".

A primeira-dama que amava a medicina

Ao voltar para casa, à noite, depois de mais um dia de trabalho no consultório, Juscelino Kubitschek contou à mulher que havia sido convidado a ingressar na política. Sarah lamentou-se a noite toda, no resguardo. Mas, de manhã, ela enxugou as lágrimas, encheu-se de resignação e incentivou o marido a aceitar o posto de secretário da Interventoria do governo de Minas Gerais.

A bem da verdade, a política não era coisa nova na vida da jovem mineira que havia conhecido o noivo numa dessas festas promovidas pelo Grupo Escolar Barão do Rio Branco, quando ele ainda era estudante de medicina.

Tampouco era o caso de tripudiar do destino: se JK não tinha dinheiro suficiente para pagar o ingresso do baile na época em que se conheceram – "dois mil réis por um cartão" –, agora ele já estava estabelecido na profissão: tinha prestígio e uma boa clientela.

Certamente abraçaria a vida pública com o mesmo entusiasmo que o pai dela, deputado federal Jaime Gomes de Sousa Lemos, vinculado ao Partido Republicano Mineiro (PRM) e representante de Minas Gerais na Câmara Federal entre 1912 e 1922, ou que o primo, Francisco Negrão de Lima, mais tarde governador da Guanabara.

Assim, Sarah Kubitschek viveu ao lado do político durante 46 anos. Casou-se em 31 de dezembro de 1930, na igreja da Paz, em Ipanema, Rio de Janeiro – "numa cerimônia simples e o mais íntimo possível", nas palavras do próprio noivo –, e desde cedo entremeou a própria vida com a carreira política do marido: fundou a Organização das Pioneiras Sociais, através da qual cumpriu obras de assistencialismo em Minas Gerais, como a construção de escolas e creches e a distribuição de alimentos, roupas, cadeiras de rodas e aparelhos para deficientes físicos.

Quando JK se tornou presidente, ela "não se contentou com o papel de primeira-dama" e deu ao seu projeto uma dimensão nacional, abrindo novas unidades no Rio de Janeiro e em Brasília. Fundou escolas pelo interior, ergueu hospitais especializados, como o Centro de Pesquisa Luiza Gomes de Lemos, no Rio de Janeiro, voltado para o tratamento de câncer da mulher; o Hospital Júlia Kubitschek, na capital mineira, e o Hospital Sarah Kubitschek, de Brasília, para portadores de problemas motores. Em Belo Horizonte, criou outras escolas e creches, na capital e no interior, como o Educandário Luiza Gomes de Lemos, em Cachoeira Paulista. Também abriu hospitais-volantes, distribuídos pela maioria dos Estados e equipados para dar atendimento médico e odontológico, e levou à Amazônia os hospitais flutuantes.

Depois da morte do marido, Sarah lançou uma campanha para viabilizar a construção do Memorial JK, em 1981. Combativa, não se acanhou sequer quando os militares fizeram menção de vetar o projeto arquitetônico de Oscar Niemeyer, por entender que ele continha um elemento visual que lembrava uma foice, "símbolo do comunismo". Inaugurou o projeto – onde repousam os restos mortais de JK – da forma como havia sido concebido originalmente, e ali trabalhou até morrer em 1996, aos 87 anos.

Sarah e Juscelino: atenção dirigida ao futuro e ao cresci[illegible]to do Brasil

Márcia e Maria Estela: as duas filhas do papai coruja o acompanham em mais um compromisso social.

EMFIM, BRASÍLIA

capítulo 4

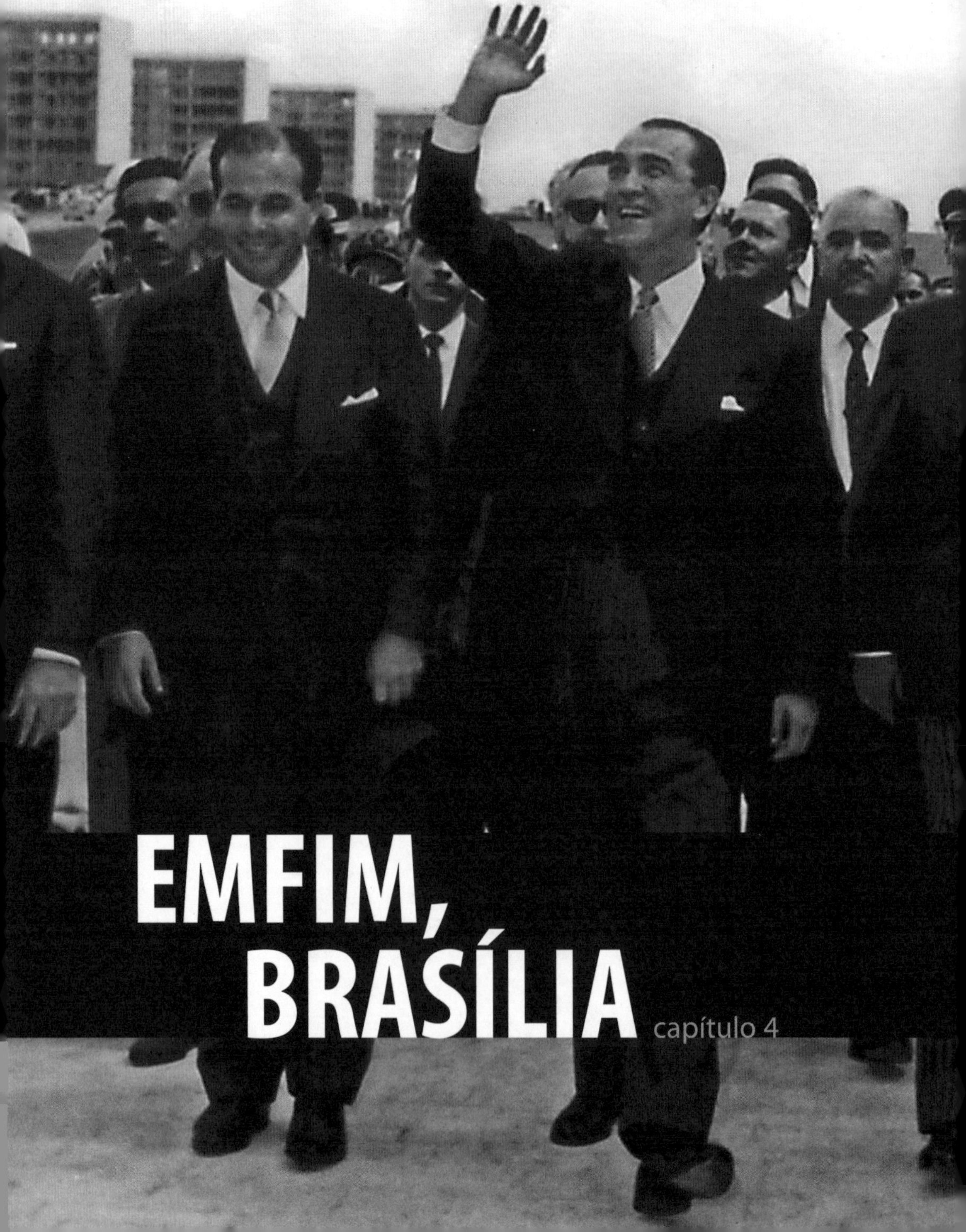

20 de abril de 1960, quarta-feira. Depois do único despacho do dia – responder a um telegrama do governador de São Paulo, Carvalho Pinto, para informar que o Instituto de Energia Nuclear da Universidade de São Paulo conseguiu separar, pela primeira vez, o urânio atomicamente puro –, JK se despedia do Catete: "Dirigindo-me para a porta do Palácio, peguei os dois portões de ferro da entrada e os puxei lentamente, e com solenidade, até que se fechassem. Naquele momento, o Catete deixava de ser a sede do Governo. Estava fechando simbolicamente. Dali em diante, a residência oficial do presidente da República seria o Palácio da Alvorada, em Brasília. Às 10:00, tomei o avião presidencial e segui para a nova capital".

No Planalto Central, a festa, marcada para o simbólico 21 de abril, começou com uma missa campal, assim que os ponteiros anunciaram meia-noite. Ao raiar do dia, um toque de alvorada e eis que o chefe da nação mergulhava numa agenda inebriante: parada militar, desfile de candangos, passeata em carro aberto, esquadrilha da fumaça, baile de gala.

A todos JK atendeu com disposição e alegria. Do pó do sertão – que cobriu indistintamente fraques, cartolas e trajes dominicais dos candangos – brotava uma esperança, "a capital da esperança", como a batizou o ministro da Cultura da França, André Malraux, ao manifestar seu estupor diante da obra: "Presidente, como conseguiu construir tudo isso em pleno regime democrático?
Obras como Brasília só são possíveis sob uma ditadura."

AVENIDA MONUMENTAL

De volta à modernidade. Graças a uma velha idéia

Ao olhar para trás, mais de um bom motivo permite concluir que a localização da capital do Brasil foi uma obsessão histórica. Ao longo dos tempos, governantes, pensadores e homens de ação alternaram-se em nome desta boa causa, reforçando os alicerces de uma decisão que só se efetivou nos anos 60. Calcula-se, portanto, que durante quase 400 anos o tema tenha sido recorrente, ao voltar à tona por influências das mais diversas, sem realmente atingir o consenso. Esta terá sido a grande vitória do governo JK: lançar uma pá de cal sobre o Brasil-Colônia, para acabar de vez com as ervas daninhas do subdesenvolvimento nacional e abrir as comportas do futuro.

A primeira nota de inquietação sobre a ocupação populacional da faixa litorânea brasileira rondou, ainda no século XVII, uma das mentes mais esclarecidas da época, a de frei Vicente do Salvador, historiador e cronista formado em Teologia e Cânones em Coimbra, Portugal, e autor da primeira *História do Brasil*. Já em 1627 ele denunciava: "(...) Da largura que a terra do Brasil tem para o sertão não trato, porque até agora não houve quem a andasse por negligência dos portugueses, que, sendo grandes conquistadores de terras, não se aproveitam delas, mas contentam-se de as andar arranhando ao longo do mar, como caranguejos".

Tempos depois, em 1763, no reinado de José 1°, o marquês de Pombal, primeiro-ministro de Portugal, determinou a transferência da capital do Brasil de Salvador para o Rio de Janeiro. Motivo: aproximar o poder da região onde a atividade de mineração de ouro mais fervilhava – Minas Gerais. Assim, durante quase 200 anos, o Rio de Janeiro se tornou sede da administração pública, muito embora, tal como Salvador, fosse bastante vulnerável aos perigos do mar, em especial as invasões de piratas.

Em fins do século XVIII, os ideais do Iluminismo e o declínio da extração de ouro fizeram espocar em Vila Rica, não longe das maiores reservas auríferas já encontradas, um movimento libertário orquestrado por juristas, religiosos, mineiros e comerciantes endividados, mas também pelo alferes-mártir da Independência do Brasil, Tiradentes: a capital do país em São João del-Rey – preconizavam; a capital nas vizinhanças de Ouro Preto, a pouco mais de 240 quilômetros dali, exatamente onde Minas Gerais estava inventando o Brasil e lhe dando uma cara e uma consciência com suas pepitas de ouro e pedras preciosas.

Rico e culto, este centro da Colônia, núcleo efervescente de idéias e recursos minerais, não queria apenas eleger São João del-Rey como principal cidade do país: o projeto dos conjurados visava a separação de Portugal e a criação de uma república progressista – um Brasil articulado consigo próprio, seus quatro pontos cardeais, e voltado para todos os brasileiros.

A idéia de fazer de Minas Gerais o centro do Brasil não chegou a desaparecer com Tiradentes e, no alvorecer do século XIX, foi retomada pelo jornalista Hipólito da Costa Pereira Furtado de Mendonça, fundador em Londres do *Correio Braziliense*, primeiro períodico brasileiro. Em seus artigos, Hipólito enumerava as desvantagens de uma capital litorânea e, em nome da "integração nacional", defendia a construção de uma nova cidade junto às cabeceiras dos grandes cursos d'água – preferencialmente, "junto às campinas do Rio Doce e nas vertentes do Rio São Francisco".

O estadista, professor universitário e pesquisador José Bonifácio de Andrada e Silva foi outro personagem da história do Brasil que abraçou com as duas mãos a proposta de criar uma cidade central no interior do país, chegando até mesmo a indicar a latitude média de 15° para estabelecer a Corte ou a Regência, em terreno fértil e às margens de um rio navegável. Entre os motivos apresentados, questões de segurança – definitivamente o Rio de Janeiro não era esteio para o Brasil! – e imperativos econômicos. Assim, em 9 de junho de 1823, em plena sessão da Assembléia Constituinte e Legislativa, José Bonifácio sugeria, na comarca de Paracatu, Minas Gerais, a construção de uma nova capital cujo nome poderia ser Petrópole – cidade de Pedro, o I, imperador do Brasil – ou... Brasília.

A Bonifácio credita-se, portanto, não a primazia da idéia, mas a do achado do nome.

Muito distante dali, e por uma coincidência das mais surpreenden tes, nascia em Becchi, quase simultaneamente, na região do Piemonte italiano, um filho de camponeses que sempre quis ser padre. Dom Bosco, criador da Congregação Salesiana em Turim, canonizado pelo papa Pio XI na Páscoa de 1934, anteviu Brasília, num sonho que não era só sonho. Em 1883, assim relatou sua experiência mística: "Por muitas milhas percorremos uma enorme floresta virgem e inexplorada. (...) via até as cadeias de montanhas isoladas (...) do Brasil, da Bolívia, até os últimos confins. (...) Tinha sob os olhos as riquezas incomparáveis desses países,

Proposta de José Bonifácio de Andrada e Silva titubeou entre dois nomes: Petrópole ou Brasília.

as quais um dia serão descobertas. Via numerosas minas de metais preciosos e de carvão fóssil, depósitos de petróleo abundantes (...) Entre os paralelos 15 e 20 graus, havia um leito muito largo e muito extenso, que partia de um ponto onde se formava um lago. Então uma voz disse (...): Quando escavarem as minas escondidas no meio desses montes, aparecerá aqui a Grande Civilização, a Terra Prometida (...) Será uma riqueza inconcebível".

O relato de dom Bosco, interpretado mais tarde por JK como a expressão de uma profecia e o sinal de uma predestinação, ainda prognosticava que "essas coisas acontecerão na terceira geração" – isto é, feitos e refeitos todos os cálculos possíveis, na década de 1950, quando efetivamente Brasília saiu do papel.

Numa outra conjunção de fatores aparentemente inexplicáveis, também em meados do século XIX, mas desta vez na Áustria, o paulista Francisco Adolfo de Varnhagen, Visconde de Porto Seguro, diplomata, engenheiro e historiador – considerado o pai da historiografia brasileira –, expunha, na sua *História Geral do Brasil*, mais de um bom motivo para que a família imperial abandonasse o Rio de Janeiro, e aproveitava para justificar a instalação de uma nova capital num sítio mais seguro: "(...) a própria Providência concedeu ao Brasil uma paragem mais central, mais segura, mais sã e própria a ligar os três grandes vales do Amazonas, do Prata e do São Francisco, nos elevados chapadões (...) vizinho do triângulo formado pelas três lagoas, Formosa, Feia e Mestre d´Armas".

Para destacar o aspecto místico que envolve a criação de uma nova capital para o Brasil, é também digna de registro a iniciativa de Varnhagen

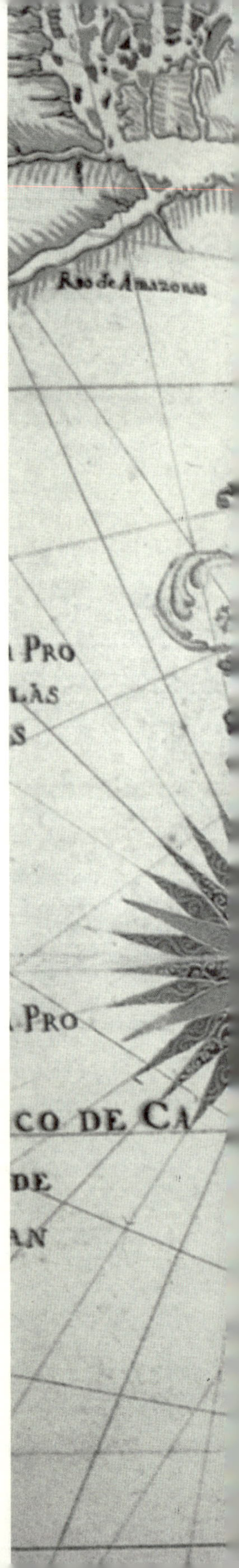

No Brasil-Colônia, a ocupação territorial se limitava à faixa litorânea.

B R A
S I L
PRICORNIO

de abandonar, já sexagenário, seu cargo de chefe da delegação diplomática brasileira em Viena para mergulhar no sertão, sobre lombo de burro, a partir de Uberaba, no Triângulo Mineiro, ponto final da Estrada de Ferro Mogiana. Objetivo da missão oficial encabeçada pelo historiador ao Planalto Central: esquadrinhar boas terras para o projeto de colonização europeu no país. Meta pessoal de Varnhagen: localizar o melhor sítio para a construção da nova capital.

Um ano depois, e pouco antes de morrer, o diplomata fazia circular sua última obra, *A Questão da Capital: Marítima ou no Interior?*, na qual se revelava peremptório: "(...) a capital do Império deve estar em alguma paragem bastante no interior, que reúna mais circunstâncias favoráveis (...) É a em que se encontram as cabeceiras dos afluentes Tocantins e Paraná – dos dois grandes rios que abraçam o Império; isto é, o Amazonas e o Prata, com as do São Francisco (...) É nessa paragem bastante central e elevada, donde partem tantas veias e artérias que vão circular por todo o corpo do Estado, que imaginamos estar o seu verdadeiro coração, e é aí que julgamos deve fixar-se a sede do governo (...) Refiro-me à bela região situada no triângulo formado pelas três lagoas Formosa, Feia e Mestre d´Armas, com chapadões elevados a mais de mil metros" – em outras palavras, o sítio onde se decidiu erguer, quase dois séculos depois, a capital Brasília.

De fato, com a República, a decisão de mudar a capital virou lei. No seu artigo terceiro, a Constituição de 1891 outorgava à União uma área equivalente a 14.400 quilômetros quadrados no Planalto Central e determinava que ali seria estabelecida a futura capital federal e constituído o Estado do Distrito Federal.

Apesar de ser lei, a mudança da capital não saía do papel – e o máximo que se conseguiu nesse sentido foi a constituição de uma missão – chefiada pelo astrônomo e geógrafo belga radicado no Brasil Louis Ferdinand Cruls – para demarcar a área que seria aproveitada futuramente. Em 1894, a Missão Cruls apresentou, então, seu relatório final ao governo Floriano Peixoto, dando parecer favorável ao local indicado duas décadas antes por Varnhagen. Em 7 de setembro de 1922, caberia ao presidente Epitácio Pessoa assentar a pedra fundamental da nova cidade no lugar escolhido.

Um breve hiato de tempo marcará o regime de exceção perpetrado pelo Estado Novo e, a partir de 1945, o assunto voltou à baila, desta vez com a instalação da Assembléa Nacional Constituinte de 1946, que precipitou novas discussões em torno do melhor ponto para erguer a cidade – se em Goiânia, cidade planejada e recém-inaugurada, apontada pelo potiguar João de Campos Café Filho como o melhor endereço para tal empreitada, ou se no fértil Triângulo Mineiro, melhor sítio na opinião de um de seus filhos, Benedito Valadares Ribeiro.

Por fim, a queda-de-braço acabou beneficiando a segunda alternativa, e assim, em 15 de abril de 1955, após muitas reviravoltas, a Comissão de Localização da Nova Capital optou por um sítio de 5.850 quilômetros quadrados a sudoeste de Planaltina, Goiás, no Planalto Central, definindo o perímetro do futuro Distrito Federal.

Um mês depois, o marechal José Pessoa mandava fincar uma cruz de madeira no seu ponto mais alto – a Praça do Cruzeiro, local onde, em maio de 1957, em meio a gruas e britadeiras, o arcebispo de São Paulo, dom Carlos Carmelo, rezou a primeira missa.

Praça do Cruzeiro, primeira missa no ponto mais alto do Distrito Federal. E o sertão se fez cristão.

A ameaça que rondou o céu, a terra. E o mar

Três capitais ao longo da História – Salvador (1549-1763), Rio de Janeiro (1763-1960) e Brasília – e dois bons motivos para o poder mudar de endereço: posição estratégica e integração nacional.

Nos primórdios da colonização do Brasil, o debate em torno da interiorização da capital tinha por mérito discutir, antes de mais nada, questões de segurança nacional: não era nada segura uma cidade à beira-mar. Afinal, São Vicente, Vitória, Olinda, Recife, mas também Salvador e Rio de Janeiro – enfim, praticamente todas as vilas e cidades litorâneas haviam sido saqueadas e invadidas diversas vezes.

A primeira capital nacional escreveu esta saga nas páginas da sua história: diante do fiasco que representaram as Capitanias para a Coroa, Portugal decidiu nomear um Governo-Geral para o Brasil e auxiliar os donatários. Assim, adquiriu dos herdeiros de Francisco Pereira Coutinho a Capitania de Todos os Santos – Bahia, "o mais conveniente lugar que há nas terras do Brasil para daí se dar favor e ajuda às outras povoações". Ali cresceu a primeira cidade-sede, Salvador. Tinha estrutura apropriada, ainda que rudimentar, para exercer as funções que lhe haviam sido atribuídas por Tomé de Sousa, mas não raras vezes estremeceu sob as botas de personagens como Robert Withrington, Christopher Lister e o almirante Willenkens, entre tantos outros – piratas famosos trazidos pelo mar.

Esses invasores – franceses, holandeses, ingleses, flamengos – açoitaram sem trégua toda a costa brasileira durante décadas, pilhando as riquezas nacionais. Durante anos, ecoaram as atrocidades cometidas pelo inglês James Lancaster e o holandês Johan Vanner em Olinda e no Recife, nos idos de 1595, bem como o terror espalhado pelo desembarque dos companheiros do lendário Thomas Cavendish na Capitania de São Vicente ou do sanguinário Villegaignon na Guanabara.

Com o tempo, e principalmente a partir da segunda metade do século XVII, tanto Salvador como o Rio Janeiro estavam irremediavelmente nas mãos dos estrangeiros. Em 1624, os holandeses – entre eles o temido Pieter Heyn – dominavam a cidade baiana, enquanto os franceses chefiados por Duguay Trouin atacavam sem trégua o Rio.

Este cenário obrigou o Conde d'Oeiras, futuro Marquês de Pombal, a transferir a capital brasileira para o Rio de Janeiro, em 1763. Sobre a opção dele pesou igualmente o deslocamento do eixo da economia colonial do Nordeste – quartel-general da indústria açucareira – para o Centro-Sul, onde o Ciclo do Ouro e dos diamantes já estava em ebulição.

Dois outros motivos influenciaram a decisão do Marquês de Pombal: a proximidade geográfica do Rio de Janeiro da zona de mineração, fato que lhe permitiu crescer como entreposto de metais preciosos, e a necessidade de reforçar as defesas do sul do país contra o avanço da Espanha.

Assim, o Rio foi capital nacional por dois séculos. Ao longo deste tempo, viu desfilar por suas ruas e avenidas os fatos que mais marcaram a história do Brasil: acolheu a família real e a hospedou quando ela fugiu de Lisboa, ameaçada pelas tropas de Napoleão; assistiu à ascensão do príncipe d. João ao trono; aplaudiu a coroação de Pedro I; amargou as incertezas da Guerra do Paraguai; festejou a assinatura da Lei Áurea ao lado dos negros libertos de seus grilhões e, apreensivo, viveu a madrugada de 15 de novembro, que derrubou a monarquia e instituiu uma república no país.

Desde o século XVII, o vazio habitacional no sertão brasileiro preocupava alguns dos mais brilhantes políticos e pensadores do país.

Mas nem por isso a capital carioca era capaz de reverberar a ação político-administrativa do governo em todo o território nacional. Este se mantinha claramente dividido em duas partes – de um lado, uma faixa litorânea ao Centro-Sul, superpovoada e mais industrializada; de outro, os sertões e os desígnios da subsistência.

Assim, decorridos 197 anos desde 1763, era imperioso que o Rio deixasse de ser capital do Brasil em favor de uma nova cidade construída no Planalto Central.

"Brasília representa a conquista do que tem sido nosso apenas no mapa. Dos 8,5 milhões de quilômetros quadrados do território nacional, nada menos que 6 milhões permanecem despovoados", argumentava JK, resumindo os motivos que o levaram a abraçar a causa.

Havia outros motivos: anos antes da Segunda Guerra Mundial, o nazismo havia sido alimentado por uma estranha conspiração geopolítica – o geógrafo alemão Karl Hausofer lançara a tese do "espaço vital", que visava legitimar o avanço dos países superpovoados sobre áreas em desuso em regiões do planeta com baixa densidade demográfica, e, na França, o governo Paul Reynaud sugeria a criação de um novo Estado no Planalto Central – até então entregue à própria sorte – para abrigar os excedentes populacionais do mundo. Mesmo depois do conflito, em plena ONU, ouviam-se defensores da teoria, o que tornava urgente a ocupação dos espaços vazios do interior brasileiro.

Se, no Brasil-Colônia, a ameaça vinha tão-somente do mar, agora o perigo rondava o céu e a terra.

A pergunta que atirou o sertão aos pés do Brasil

Jataí, 4 de abril de 1955. Nas ruas da pequena cidade goiana, desde cedo, um burburinho nervoso anuncia a chegada do ilustre visitante. Foi decretado feriado municipal, mas mesmo assim há muita gente nas ruas: todo mundo quer participar do primeiro comício do candidato mineiro à presidência da República. Todos querem vê-lo.

Atropelos, corre-corre – são 10:00 em ponto: a multidão se concentra no aeroporto da cidade. Desembarca JK, na hora marcada, o sorriso de prontidão, a simpatia em riste.

Rufar de tambores e um cortejo começa a percorrer, solene, as principais ruas da cidade: como JK é bem-amado em Jataí!

Semanas antes, ele havia mandado um telegrama ao amigo-prefeito Luciano de Carvalho, informando que começaria sua campanha pela pequena cidade de Goiás, pois sabia de sua popularidade por lá.

Logo, o cerimonial vai dar na praça principal. Acotoveladas, centenas de pessoas aguardam que o candidato faça uso da palavra e apresente seu projeto de governo. Mas um vento forte começa a soprar. Carrega nuvens. O céu escurece. Vai chover pesado. A multidão se dispersa.

Os organizadores da festa de boas-vindas a JK não esmorecem. Alguém aponta o barracão onde funciona uma oficina mecânica – é espaçoso e fica logo ali. Em cima da carroceria de um caminhão – palanque improvisado –, então, o político começa a discursar para uma pequena platéia. É efusivo, entusiasmado, positivo, e tem foco político. Reiteradamente, promete cumprir a Constituição.

Ao terminar, dá voz aos presentes. Alguém quer fazer alguma pergunta?

Antônio Soares Neto – Toniquinho – quer: encontra-se diante do candidato e conhece bem a Carta Magna.

– O senhor vai mudar a capital para o Planalto Central, como está previsto nas Disposições Transitórias da Constituição de 1891?

Embaraçosa, difícil; oportuna, feliz. A pergunta assusta JK, ele engasga. Finalmente, assume os riscos e responde: "Acabo de prometer que sim. Se for eleito, construirei a nova capital e farei a mudança da sede do governo".

Assim, ficou definido o mote da campanha de JK à presidência da República. Pouco antes, ao lançar sua plataforma política, o ex-governador de Minas havia avaliado publicamente que seriam necessários cerca de 15 anos para transferir a administração federal para o Planalto Central: "Isso é problema de uma geração", chegou a dizer. Mas – ressalva seja feita – ele estava disposto a dar início à obra, caso tivesse apoio do Congresso.

Ali, em Jataí, no entanto, o acaso estava lhe dando xeque-mate: apesar da assistência pouco numerosa e do discurso abreviado por causa do mau tempo, JK tinha acabado de pregar com ênfase, perante seus mais fiéis eleitores, os goianos, o respeito à Constituição e à lei como forma de superar os problemas políticos que turvavam o horizonte do país.

Explica-se: sem o apoio das três Armas – que já haviam investido contra Getúlio Vargas –, parecia impossível chegar ao poder. Diante da falta de entendimento com os militares, o mineiro decidiu, então, usar de astúcia para enfrentá-los. E, na tentativa de abortar possíveis levantes, confrontos e objeções, escolheu como arma pregar o respeito à lei e dar o bom exemplo.

Mas se esta era sua mensagem, era também sua sentença. Pois, agora, as palavras se voltavam contra ele: como fugir da própria Constituição, que determinava a transferência da capital?

Por mais que a tarefa fosse árdua – inexistência de estradas de acesso ao sertão, ausência de um projeto arquitetônico consistente, falta de recursos financeiros para tocar a obra e pouco tempo para uma empreitada de tamanho fôlego –, a sorte estava lançada, ou melhor, a aposta estava feita: se o Brasil desse a faixa presidencial a JK, em troca o chefe da nação teria de dar uma nova capital ao país. Era ver para crer. Ou o contrário.

Anos depois, o acaso mais uma vez aproximou JK e Toniquinho: "Enquanto a nova capital estava sendo construída, eu acompanhei; vim a Brasília diversas vezes. No dia da inauguração, estive no palanque presidencial, em meio a deputados, senadores, diplomatas e várias autoridades, e entreguei ao presidente uma flâmula, sob os aplausos de todos. Ele me abraçou forte; tiramos fotos e assistimos aos desfiles militares. Foi uma solenidade muito bonita", definiu, com suas próprias palavras, Toniquinho Soares Neto. "Dizem até que Jataí é a mãe de Brasília e eu sou o pai."

Para completar a família, em março de 1957, nascia, segundo o autor de *História de Brasília: um Sonho, uma Esperança, uma Realidade*, Ernesto Silva, a primeira criança de Brasília, batizada pelo presidente Juscelino Kubitschek. Seu nome: Brasilinda.

TURBULÊNCIAS DE UMA FIRME DECISÃO

Uma vez eleito presidente da República, antes de seguir viagem para a Europa e os Estados Unidos, JK tratou de dar o pontapé inicial ao seu projeto de erguer uma nova capital para o Brasil.

Pediu ajuda ao então governador de Goiás, Juca Ludovico, para que sua equipe se encarregasse de minutar os atos legislativos que lhe permitiriam seguir adiante com a proposta, e lembrou que os goianos já acumulavam experiência suficiente e eram catedráticos no assunto, por causa da recente construção de Goiânia.

Ludovico repassou a tarefa aos seus assessores e, três meses depois, em 18 de abril de 1956, o novo chefe da nação dirigia ao Congresso Nacional a chamada Mensagem de Anápolis, de número 1234, na qual criava a Companhia Urbanizadora da Nova Capital Federal (Novacap) – projeto convertido, mais tarde, na Lei n° 2874 de 19 de setembro de 1956.

Quase transformada numa epopéia, todavia, a própria assinatura do documento deu o tom épico que muitas vezes caracterizou os quatro anos da construção de Brasília: exaustivamente preparada por peritos, a minuta final do projeto já estava pronta e seria assinada naquela mesma tarde por JK, no recolhimento do seu gabinete, quando alguém lembrou que, logo depois, ele tinha de fazer uma viagem ao Amazonas para uma visita oficial ao poço de petróleo recém-descoberto de Nova Olinda – com direito a escala em Goiânia.

Por que não aproveitar, então, a oportunidade para assinar a mensagem em solenidade pública, prestando, dessa forma, uma justa homenagem ao

"Se acredito ou não, é outra história.
O certo é que no dia 21 de abril,
colocarei minha bagagem num automóvel
e quem quiser que me acompanhe."

Juscelino Kubitschek

povo goiano – ferrenho defensor da interiorização da capital –, e atribuindo ao ato uma importância que lhe daria repercussão nacional?

Aceita a sugestão, imediatamente o governo de Goiás foi avisado por rádio-telefone da visita-surpresa que aconteceria em poucas horas. Assim, pelo resto da tarde e a noite toda, Goiânia se mobilizou para o grande acontecimento.

Nas ruas, carros com alto-falantes transmitiam incansavelmente a notícia da visita do presidente; nas rádios, a população era conclamada a comparecer à festa de boas-vindas a JK. No Palácio das Esmeraldas, um esquema de segurança e um cerimonial de acolhida eram montados às pressas.

Concentrados no aeroporto até bem tarde na noite, os populares mantiveram a vigília em clima de festa e expectativa. Juscelino tinha saído do Rio de Janeiro pouco antes da meia-noite, a bordo de um velho avião da FAB. No bolso, levava o telegrama de apoio endereçado por toda a bancada de Goiás no Congresso, sem distinção de partido.

Mas, quando o avião sobrevoou Goiânia, todos os passageiros tiveram de se render às evidências: impossível aterrissar na capital goiana com aquela densa cerração. O nevoeiro escondia o campo de pouso, o avião não tinha equipamento para pouso cego e as primeiras luzes do alvorecer dificultavam ainda mais as manobras.

Assim, depois de sobrevoar a capital do Estado por algum tempo, o vôo presidencial tomou o rumo de Anápolis, cidade mais próxima.

Às 5 horas da manhã, o C-47 aterrissou. Acolhidos pelo tenente João Luiz e Silva, chefe do destacamento da FAB, JK e sua comitiva foram en-

"Tinha nos olhos a força
de um propósito:
permanecer, vencer as
solidões e os horizontes;
desbravar e criar;
fundar e erguer. Sim,
era finalmente
o homem fundador."

Vinícius de Moraes

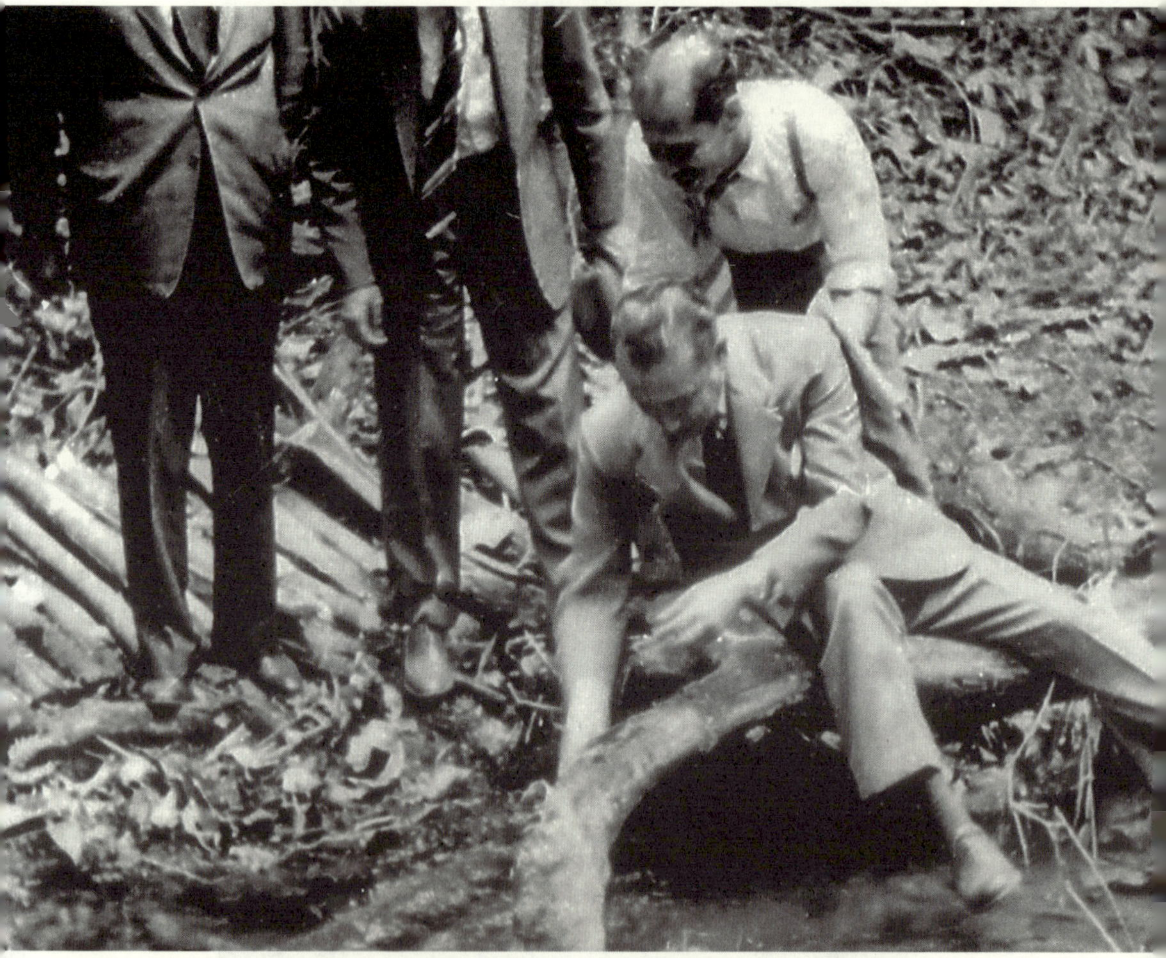

Traje a rigor: em suas visitas ao canteiro de obras, JK não dispensava o terno, a gravata e o lenço na lapela.

“Creio que apressar a marcha do Brasil, ativar o seu desenvolvimento, é imperativo da defesa de nossa própria sobrevivência.”

Juscelino Kubitschek

caminhados até um bar, onde uma pequena multidão lhes deu vivas. Os presentes não estavam ali por acaso: tinham esperado a noite toda, atentos ao serviço de rádio da FAB que os manteve informados do percurso do avião presidencial. Sabiam que, de madrugada, uma densa manta de neblina cobria freqüentemente o aeroporto de Goiânia, impedindo pousos e decolagens.

Na presença de JK, lhes foi comunicado que, em virtude da impossibilidade de descer em Goiânia, o chefe da nação asssinaria a mensagem no Congresso, encaminhando projeto-de-lei dispondo sobre a mudança da capital na própria cidade de Anápolis.

E foi assim, sob efusivos aplausos da platéia, que Juscelino deu início à contagem regressiva que o levaria a Brasília: enaltecendo a importância do ato, diante de todos riscou a palavra "Goiânia" do documento e a substituiu por "Anápolis". Depois, datou – 18 de abril de 1956.

A caneta, ele deu de lembrança a um dos presentes.

E o general se fez inseguro...

Após a homologação da lei que criava a Novacap, em 19 de setembro de 1956, JK decidiu visitar o sítio onde Brasília seria erguida. Sua viagem ao Planalto Central foi então marcada para o dia 2 de outubro.

A exemplo do que já havia acontecido em Goiânia, por ocasião da visita-surpresa à cidade para ato solene de assinatura da mensagem ao Congresso instituindo a Novacap, novamente o chefe da nação desencadeava, por conta de seus rompantes imediatistas, um formidável corre-corre entre os assessores.

Israel Pinheiro, diretor da Novacap, um dos homens fortes de JK.

O aventureiro que tocava obras

Um pioneiro que gostava de mato e de animais. Esta é a melhor definição de Bernardo Sayão, agrônomo e veterinário carioca que, com Israel Pinheiro, Ernesto Silva e Iris Meinberg, dirigiu a Novacap, a partir de 1956. Integrante da famosa "Marcha para o Oeste", foi encarregado por JK de construir a Transbrasiliana – estrada de ligação entre Belém e Brasília –, em 1958, quase duas décadas depois de ter colocado os pés pela primeira vez no Estado de Goiás, onde dirigiu, em 1941, por ordem de Getúlio Vargas, a criação de uma Colônia Agrícola no sertão.
Sua primeira visita ao Estado se deu em companhia da irmã caçula, Dulce, e suas filhas Laís e Léa. Cheia de peripécias, a viagem foi realizada num velho Ford, em 1939; começava no Rio de Janeiro e tinha como ponto de chegada o rio Araguaia.
Destemido, Sayão parecia atrair o perigo: no Araguaia, seu *pretuihe* – o carro – foi interceptado por índios carajás, e ele passou a rodar não só com flechas espetadas no capô e nas portas, num primeiro momento, mas também, e posteriormente, com uma decoração à base de arcos, pentes e bonecos artesanais – em sinal de amizade com os indígenas. Não bastasse, durante o tempo em que permaneceu entre os carajás, o desbravador e seus acompanhantes foram submetidos a uma dieta à base de peixe, papagaio, arara e até mesmo cachorro – um cardápio que, mais tarde, ele diria ser "delicioso".
Tocador de obras, Bernardo Sayão é responsável pela construção da estrada de 142 km que liga o atual município de Ceres à cidade de Anápolis, em Goiás (1944), fato que lhe rendeu tamanha popularidade que, dez anos depois, foi eleito vice-governador do Estado de Goiás, com votação superior à do próprio governador eleito.
Ele também chegou a governar interinamente Goiás por três meses. Abandonou o cargo de vice-governador para ajudar JK a construir Brasília, mas um terrível acidente lhe tirou a vida aos 58 anos de idade, em 15 de janeiro de 1959, quando, durante as obras de construção da estrada, uma árvore caiu sobre a barraca onde ele estava.
Para honrar sua trajetória – e como não poderia deixar de ser para um pioneiro –, Sayão foi a primeira pessoa a ser enterrada no cemitério de Brasília, hoje Campo da Esperança. Em sua homenagem, a rodovia Belém–Brasília recebeu o nome oficial de Rodovia Bernardo Sayão.

Afinal, faltavam poucos dias para a visita e Bernardo Sayão, vice-governador de Goiás, ainda tinha muito trabalho pela frente: precisava melhorar o improvisado campo de pouso aberto no cerrado – uma simples faixa de terra vermelha depois das chuvas do início da primavera, que a vegetação frondosa começava a recobrir – e ajeitar um pouco as instalações na Fazenda do Gama, único lugar povoado por algumas famílias, em meio ao deserto.

Assim, Sayão transformou a pista de pouso num verdadeiro canteiro de obras: mandou capinar e melhorar o local onde, no dia marcado e por volta de 12:00, o presidente JK e sua comitiva desembarcaram. Ao lado de Juscelino estavam o general Lott, ministro da Guerra; o almirante Lúcio Meira, ministro da Aviação, o arquiteto Oscar Niemeyer e Israel Pinheiro, presidente da Novacap, entre outros.

Para recepcioná-los, à sombra de um galpão de madeira e palha que Bernardo Sayão havia mandado erguer ao lado da pista de pouso, estavam o governador de Goiás, Juca Ludovico, e seu vice, Bernardo Sayão, já nomeado diretor executivo da Novacap, assessores e jornalistas.

Assim que colocou os pés no chão, JK foi peremptório nas suas declarações: construirei Brasília e transmitirei o governo ao meu sucessor na nova capital, garantiu. Inquestionavelmente. E mais: o chefe da nação informou que os trabalhos teriam início em breve e permitiriam a transferência do poder num prazo máximo de 3 anos e 10 meses, já negociado com os diretores da Novacap.

Dito isso, a comitiva aproveitou a visita para conhecer o mirante da região, lugar onde estava fincado um grande cruzeiro de madeira escura.

Catetinho: primeira obra erguida em Brasília para acomodar os visitantes e as autoridades.

E foi diante da exuberante paisagem que se descortinava sob seus olhos que JK, Israel Pinheiro e Oscar Niemeyer compactuaram: dariam início às obras sem esperar o resultado do concurso do Plano-Piloto, instituindo uma frente de trabalho de imediato, sem prejuízo da licitação. E, para começar, construiriam um núcleo de apoio formado de um palácio residencial do presidente e de um hotel de bom nível para receber os visitantes.

Este acampamento pioneiro deveria ser construído nas imediações da Fazenda do Gama – um lugar muito bonito, coberto de uma pequena mata exuberante que fazia um forte contraponto de cores com a vegetação de cerrado e cravejado de olhos d´água cristalina que se estiravam à sombra das árvores seculares.

Mais tarde, novas viagens permitiram localizar o sítio onde seriam erguidas estas obras pioneiras, mas, já ao anoitecer, antes de voltar para o Rio, JK encomendou ao general Lott umas barracas de lona, dessas usadas pelo Exército, para alojar os primeiros engenheiros e operários que chegariam em breve ao Planalto para construir a cidade.

Confuso com as diligências que havia visto e testemunhado, o militar então perguntou:

– Mas, presidente, o senhor vai mesmo transferir a capital?

A cidade que se ergueu sobre seus próprios croquis

Brasília nasceu com o Catetinho, residência oficial da presidência da República no Planalto Central durante a construção da cidade e primeira obra que rasgou o sertão.

"Hoje é o dia mais feliz da minha vida. O Congresso acaba de aprovar o projeto para a construção de Brasília. Sabe por que o projeto foi aprovado? Eles pensam que não vou conseguir executá-lo."

Juscelino Kubitschek

ESTA CASA,
PRIMEIRA CONSTRUÇÃO
DE
BRASÍLIA,
EXECUTADA EM DEZ DIAS,
DE 22 A 31-10-1956,
FOI A RESIDÊNCIA PROVISORI
PRESIDENTE DA REPÚBLIC
DR. JUSCELINO KUBITSCHEK DE
PARTICIPARAM DESTA OBRA PIONE
JOÃO MILTON PRATES, OSCAR NIEMEYER, C
JOSÉ FERREIRA DE C. CHAVES, ROBERTO PENA, C

Candangos: formigueiro

Erguido em apenas dez dias – entre 22 e 31 de outubro de 1956 –, o projeto de Oscar Niemeyer era simples, de madeira sobre pilotis, e se transformou em um precioso ponto de apoio para quem precisava percorrer os canteiros de obra e pernoitar no Planalto Central.

Embora rústica, a casa tinha o conforto necessário – luz elétrica, água corrente fria e quente, geladeira, mobília e rádio.

Captada numa nascente próxima, a água era levada até um conjunto de tambores presos aos galhos de uma árvore esguia das vizinhanças e a luz elétrica era fornecida por um gerador diesel.

Ali se hospedaram sob uma chuva torrencial, pela primeira vez em 10 de novembro de 1956, JK, seu cunhado Júlio Soares, Israel Pinheiro, o major Dilermando Silva, um jornalista e um deputado.

Outras obras pipocaram depois disto, sob a batuta de Lúcio Costa e Oscar Niemeyer, responsáveis pela concepção arquitetônica da cidade. Em sua maioria, concentravam-se no chamado Núcleo Bandeirante, ou Núcleo Pioneiro – conjunto de casas de madeira, bastante simples, construídas para alojar os funcionários da Novacap – os chamados candangos.

Estes chegavam ao Planalto Central em número cada vez maior, sozinhos e carregados de sonhos. Vinham dos quatro cantos do país, dispostos a tentar a vida no sertão revitalizado por uma promessa.

O primeiro recenseamento de Brasília realizado pela própria Novacap, em março de 1957, contabilizava, segundo Ernesto Silva, autor do livro *História de Brasília: um Sonho, uma Esperança, uma Realidade*, um total de 2.013 habitantes, dos quais 1.369 homens, 248 mulheres e 396 crianças. Entre os adultos, havia apenas 186 analfabetos.

Os candangos viviam em acampamentos constituídos de barracões toscos e tendas de lona e trabalhavam cerca de 14 horas por dia, em turnos que se revezavam de sol a sol. Sem contato com parentes e amigos, enfrentavam problemas dos mais diversos: um custo de vida proibitivo em função do isolamento da região e salários ainda irregulares no início do governo.

Incansável, todavia, essa massa humana ergueu os alicerces da nova capital com determinação e coragem: inaugurou o asfaltamento de Brasília no dia 5 de agosto de 1958 e, um mês depois, acompanhou o presidente da República até o local onde plantou a primeira árvore do Plano-Piloto – um exemplar de almacega, planta típica do cerrado.

Ao longo da construção de Brasília, a mão-de-obra de traços indecisos, mistura de nortistas e sulistas, testemunhou outros avanços do progresso naquilo que parecia ser o fim do mundo: abriu as portas da primeira escola para os filhos dos servidores num galpão espaçoso cedido pela administração da Novacap; acenou para o primeiro ônibus da Viação Araguarina que circulou entre Goiânia e Brasília em janeiro de 1957; e, em 6 de julho do mesmo ano, acompanhou a cerimônia de abertura do primeiro hospital do Planalto Central, uma estrutura de madeira em pleno Núcleo Bandeirante.

Fez o trabalho pesado mas, em sua maioria, precisou se retirar da cidade, logo depois: afinal, os serviços prestados pelos bancos da Lavoura e do Crédito Real – algumas das primeiras instituições financeiras instaladas no Núcleo Bandeirante – não eram para eles. E os excluídos acabaram circunscritos aos limites de alguma das muitas cidades-satélites que orbitam até hoje em torno de Brasília.

"A criação de Brasília, a interiorização do governo, foi um ato democrático e irretratável de ocupação efetiva do nosso vazio territorial."

Juscelino Kubitschek

Quem tinha dinheiro podia viver uma vida melhor no Planalto Central. Para incentivar o comércio e a vinda de profissionais dos mais distintos ramos para a futura capital, Bernardo Sayão passou a distribuir, num primeiro momento, lotes de terra àqueles que queriam montar estabelecimentos comerciais ou fixar residência no Distrito Federal.

Na verdade, qualquer um podia se estabelecer nesta Cidade Livre: bastava vir, pedir um lote, puxar água e, em troca, com recursos próprios, adquirir madeira e matéria-prima para levantar um barraco, construir uma loja.

Assim a cidade começou a crescer, muito embora este local estivesse fadado ao desaparecimento: após a inauguração da cidade, seria destruído, já que o Plano-Piloto previa espaço suficiente para todos – o que, todavia, acabou não acontecendo.

O Plano-Piloto, por sua vez, era um espaço reservado à população de classe média alta. Para construí-lo, foi preciso lançar mão de um concurso público com vistas a escolher o melhor projeto urbano da nova capital. Ao todo, 26 candidatos apresentaram seus trabalhos.

A proposta que arrematou Brasília foi a de Lúcio Costa. Despachada, concisa e de fácil compreensão, trazia as principais informações necessárias e alguns croquis – o que veio a calhar: afinal, Brasília tinha muita pressa de sair do papel.

Era uma vez um candango...

Quem foi o primeiro candango de Brasília? Quem assentou o primeiro tijolo? Fincou a primeira pá na terra, fez as primeiras escavações? Difícil

Dois Candangos, escultura de Bruno Giorgi em homenagem aos trabalhadores anônimos que construíram Brasília.

dizer: entre os pioneiros que integraram a imensa massa de trabalhadores braçais contratados pela Novacap para erguer Brasília, raríssimos são aqueles que conseguiram romper a barreira do anonimato. Tisnados de poeira, queimados de sol, os músculos retesados, traziam como único documento de identificação o uniforme de brim típico do construtor da nova capital. E alguns sonhos nos olhos.

Dizem que o primeiro candango contratado tinha por nome Agripino Pereira Lins. Mulato robusto de 42 anos, havia abandonado seu emprego de aeroviário no Aeroporto Santos Dumont, Rio de Janeiro, para abraçar o sertão... atrás dele vieram levas de operários, centenas de famílias – em especial japoneses, os primeiros imigrantes estrangeiros a colocar os pés em Brasília, em meados de 1957.

Caboclos como o casal Benedito Rodrigues e Laudelina Vaz de Morais e mais 14 filhos – o menor ainda na barriga – também vieram em massa. Chegavam em caravanas, deixando para trás pequenos vilarejos adormecidos no Planalto. Traziam nas roupas, na sola dos pés, no rosto, a poeira vermelha levantada pelos raros caminhões que passavam por aquelas redondezas, vindos dos confins do sertão, aos quais pediam insistentemente carona até a "nova cidade". Vinham sacolejando na estrada cor de sépia, a mudinha de roupa tremulando ao vento e a esperança curtindo ao sol.

Instalavam-se onde dava – pois a cidade ainda era de todos e de ninguém: desbastavam o mato e armavam abrigos de lona como podiam, apenas para dormir – dormir e sobreviver.

Esses candangos trabalhavam o tempo todo, horas a fio: das 6:30 às

Assim que ficaram prontas, as primeiras superquadras deram idéia do traçado paisagístico de Brasília.

E a "Cidade Livre" libertou o sertão de seu estigma.

22:00, inclusive aos domingos e feriados. Alguns não paravam sequer à noite e as obras avançavam madrugada adentro.

À volta, a natureza em seu estado mais primitivo os acolhia, generosa, com seus riachos marotos – o Fundo, o Ribeirão Vicente Pires e tantos outros –, suas águas cristalinas, suas árvores robustas, seus frutos suculentos.

Logo, a cidade provisória também os recebeu: o comércio de apoio cresceu, instalaram-se oficinas, pequenas indústrias. Três largas avenidas foram rasgadas e algumas ruas transversais, abertas. Na avenida central, contavam-se três quilômetros de casas de madeira acotoveladas, uma atrás da outra – comércio na frente, residência nos fundos. E, de lado a lado, filas duplas de caminhões – de aluguel ou particulares.

Duas ou três padarias modestas, um açougue, dois hotéis, armazéns e bares, e eis que a nova capital logo ganhou ares mercantilistas – o sertão maquilou-se com as cores do faroeste, ao estilo tupiniquim. Como tinha os dias contados, a Cidade Livre se esparramou sobre estacas de madeira, febril, quase clandestina, à revelia dos alvarás de funcionamento, do pagamento de impostos e dos horários comerciais.

Atrás desse pequeno comércio chegaram as carpintarias, as pensões, as agências bancárias, as farmácias, as lojas de roupa, os restaurantes, os cinemas, as empresas de transporte: da noite para o dia abriram suas portas ao público, contribuindo para a algazarra local e o burburinho contínuo, que ganhava notas mais estridentes quando algum alto-falante invadia as ruas e levantava poeira suficiente para anunciar uma boa promoção, uma novidade importante ou simplesmente para tocar um saudoso baião.

Não havia iluminação pública, mas, à noite, a "Cidade Livre" emergia como um grande centro urbano.

HOTEL BRASILIA

Apelidado de "Voz de Brasília", esse serviço de alto-falantes – "emissora oficial" do Núcleo Bandeirante – deu mais tarde origem ao semanário *A Hora de Brasília*, primeiro jornal da cidade.

No início, Brasília subordinava-se à Arquidiocese de Goiânia. O italiano Primo Scussolino, da Congregação Estigmatina – antigo vigário de Luziânia –, inaugurou o trabalho pastoral na cidade. Aos domingos, pela manhã, ocupava um galpão e celebrava três missas, em horários espaçados.

Quando a cidade cresceu, ele pediu ajuda – e vieram, então, os salesianos, e a Paróquia do Núcleo Bandeirante, e a Paróquia de Nossa Senhora Aparecida, esta localizada no Plano-Piloto.

Também os protestantes construíram mais de um templo na Cidade Livre e as escolas emprestaram o nome de santos católicos para batizar seus cursos de primeiro e segundo graus, a exemplo do Colégio Dom Bosco, salesiano, que funcionava em dois turnos.

De certo não havia iluminação pública, mas, à noite, tal como se fosse uma metrópole como as outras, a Cidade Livre impressionava com seus ares de grande centro urbano, suas luzes de neon e letreiros coloridos, alimentados por geradores autônomos, instalados de casa em casa.

Na sua porção mais nobre, a futura capital abrigava contrastes não menos curiosos: aqui e ali, um córrego estabelecia os limites de uma pousada; uma churrascaria se agitava às margens de um riacho. Ao lado de hotéis mais centrais e melhores, como o Santos Dumont – cujos aposentos e salões estavam devidamente aparelhados para acolher e hospedar, nos seus oásis de sombra e música-ambiente, senhores bem postos e senhoras imaculadamente trajadas –, jipes imundos ferviam ao sol.

Na solidão do Planalto, um olhar envolvente sobre o Brasil, de Norte a Sul.

Esqueleto do Congresso Nacional: metáfora geométrica para inspirar a política nacional.

Brasília-anos 60: carros, céu de anil e uma burocracia estatal em franco crescimento.

No setor de bancos, já se contavam, em 1957, cinco agências – sempre lotadas. Na sua fachada, o Banco de Crédito Real de Minas Gerais ostentava um cartaz tosco onde se podia ler: *Primeira agência bancária da nova capital*. Havia ainda o Banco do Brasil, o Banco da Lavoura de Minas Gerais, o banco.... Fato é que, em apenas 12 meses, a Cidade Livre se havia transformado na praça bancária mais importante de Goiás.

Assim, quando JK visitou o lugar, em 4 de abril de 1957, logo pôde constatar que o termômetro comercial, populacional e financeiro de Brasília já tinha atingido temperaturas bastante significativas, apesar da ebulição dos canteiros de obras não acompanhar o passo.

A afluência de comerciantes e pequenos industriais era tão grande que, passados apenas quatro meses da entrega dos primeiros lotes, a Novacap se viu obrigada a proibir novas construções e, a partir de maio de 1957, deixou de atender requerimentos de quem pleiteasse se estabelecer no local.

Rapidamente, a suspensão da distribuição de lotes e a proibição de novas edificações provocaram uma invasão desordenada da área que se estendia para além das margens do ribeirão Vicente Pires, do outro lado da rodovia Brasília–Anápolis, bem defronte do Núcleo Bandeirante: uma primeira favela.

O movimento ganhou tamanha rapidez que obrigou a novos estudos e providências imediatas visando a implantação de uma primeira cidade-satélite – o que coibiria a multiplicação de favelas. E foi assim que, em apenas três dias, o engenheiro José Maciel de Paiva elaborou a planta da cidade que Bernardo Sayão em seguida batizou de Taguatinga.

"Pássaro colossal": vista panorâmica da capital durante sua construção não evidenciava a proposta de Lúcio Costa.

Taguatinga, nascida oficialmente em 5 de julho de 1958, é o nome que os índios davam a uma ave branca. Atrás, muito atrás da civilização, vinham serpenteando pelo sertão as obras de construção de Brasília.

O inglês que perdeu a fleuma. E o fôlego

Para tirar Brasília do papel, a Ernesto Silva, secretário de JK, couberam duas tarefas históricas: demarcar as divisas do futuro Distrito Federal e elaborar o edital do concurso do Plano-Piloto da nova capital.

Para levar a termo a primeira incumbência, Silva contou com a ajuda do governo de Goiás, que pagou as despesas de demarcação do terreno. Para a segunda, além da participação do presidente da Novacap, Israel Pinheiro, o secretário de JK se valeu da assessoria dos arquitetos Oscar Niemeyer, Raul Pena Firme e Roberto Lacombe.

Encaminhado à Imprensa Nacional poucas horas antes da sanção da lei de número 2.874, em 19 de setembro de 1956, o edital do concurso foi publicado no *Diário Oficial da União* no dia 20 e ganhou destaque nos principais jornais do País, a partir do dia 30. Outra providência tomada assim que a lei foi sancionada foi constituir a Companhia Urbanizadora da Nova Capital do Brasil – Novacap, fato que ocorreu em sessão pública realizada no Rio de Janeiro.

Israel Pinheiro também convocou uma reunião para explicar a licitação do Plano-Piloto. Entre os convidados, estavam os diretores do Instituto dos Arquitetos do Brasil e do Instituto de Arquitetos de São Paulo, seus conselheiros e associados; os diretores da Novacap Bernardo Sayão e Ernesto Silva, e o arquiteto Oscar Niemeyer, convidado por JK para fazer o projeto dos edifícios públicos de Brasília e supervisionar o projeto arquitetônico da cidade.

Entre os técnicos presentes logo surgiram queixas quanto ao prazo previsto para a apresentação dos trabalhos – era curto demais. Reticentes quanto à possibilidade de estendê-lo, os diretores da Novacap concordaram, todavia, em prorrogar o prazo de inscrição, fixado inicialmente em 15 dias.

Assim, foi dirigida uma carta com data de 16 de outubro ao arquiteto Ary Garcia Roza, presidente do IAB, comunicando a extensão do prazo de inscrição até 11 de março de 1957, data-limite também para a apresentação dos projetos. Este documento recebeu ampla divulgação da imprensa.

O edital conclamava os interessados a apresentarem sugestões para a concepção urbanística da capital. Quanto aos edifícios públicos, como as autarquias, o Banco do Brasil, e outros – exceção feita ao Palácio do Governo, os ministérios e o Congresso Nacional, cujos projetos talvez pudessem ser atribuídos também ao vencedor –, seriam realizados de maneira autônoma.

Mais de 60 candidatos se inscreveram, mas apenas 26 conseguiram apresentar seus projetos dentro do prazo estipulado. Estes trabalhos – os desenhos, os croquis e as maquetes – foram dispostos em painéis no Salão de Exposições do Ministério da Educação e Cultura, para facilitar o trabalho de avaliação da comissão julgadora.

Esta se compunha de grandes nomes ligados à área, como o professor de Planejamento Urbano da Universidade de Londres, William Holford; o conselheiro do Ministério da Reconstrução Francesa, André Sive; o profes-

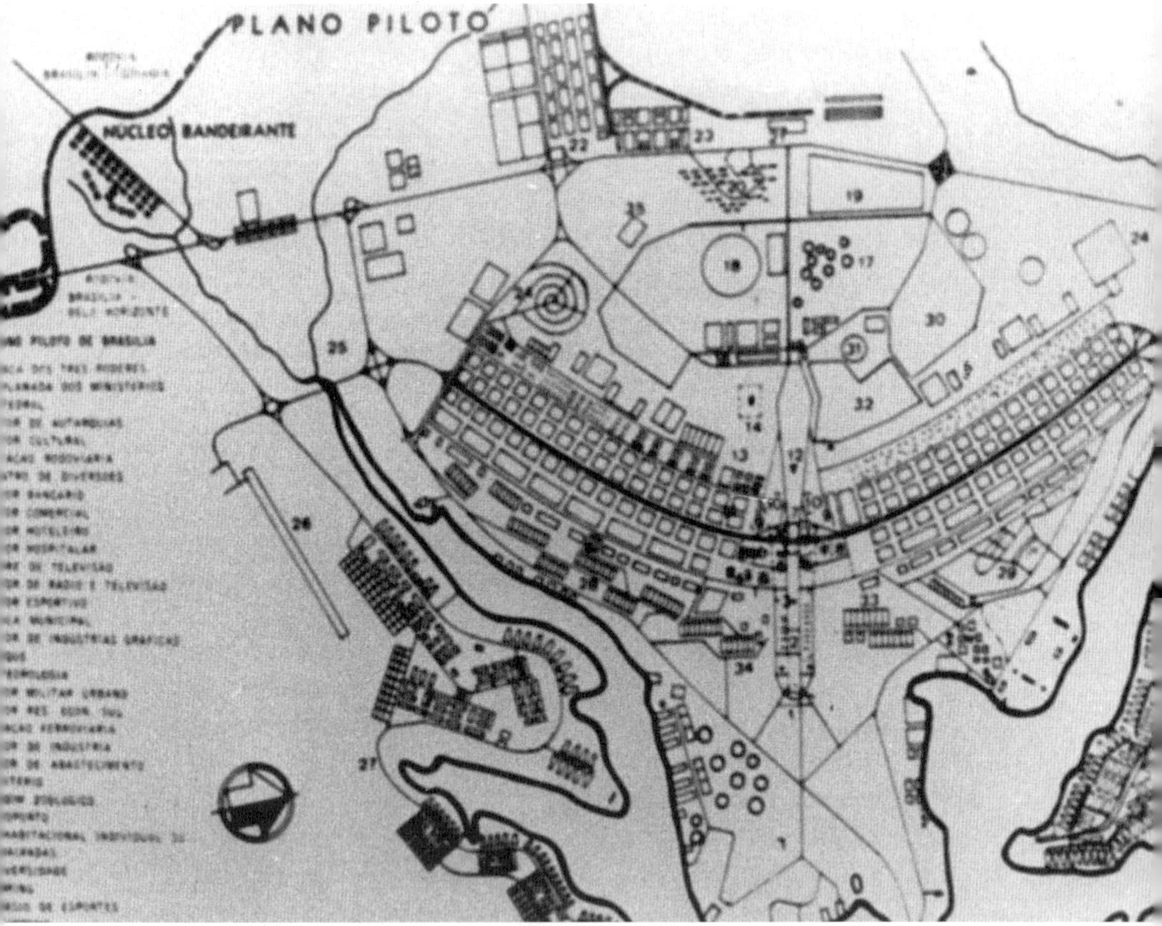

O Plano-Piloto no papel: proposta de Lúcio Costa derrubou os outros 26 projetos concorrentes.

sor na Universidade de Nova York, arquiteto Stamo Papadaki; o representante do Instituto dos Arquitetos do Brasil, Paulo Antunes Ribeiro; o representante do Clube de Engenharia, Luiz Hildebrando Horta Barbosa; e o chefe do Departamento de Arquitetura e Urbanismo da Novacap, Oscar Niemeyer Filho.

A escolha do melhor projeto recaiu sobre Lúcio Costa. Um dos defensores mais enfáticos da proposta do urbanista nascido em Toulon, França, foi William Holford.

Holford tinha estofo suficiente para opinar: vinha julgando projetos e relatórios havia mais de 20 anos; era consultor do Ministério de Habitações e Planejamento da Inglaterra e do Escritório Britânico para as Colônias e tinha planejado e dirigido o projeto de desenvolvimento das universidades de Liverpool e Exeter. Além disso, ele acumulava larga experiência no Exterior: Austrália, Tasmânia e África do Sul eram experiências reportadas no seu currículo.

Ao dar seu parecer sobre o projeto apresentado por Lúcio Costa, William Holford deixou de lado sua fleuma britânica tão característica e derramou-se: "Esta é a melhor idéia para uma cidade-capital unificada e uma das contribuições mais interessantes e mais significativas feitas em nosso século à teoria do urbanismo moderno. (...) É uma obra-prima de concepção criativa, (...) simples, prático e fácil de entender. (...) Eu diria, em resumo, que esse projeto evidencia uma grande experiência e uma concepção arquitetural que se projeta no futuro".

E, entregue a febris exercícios de futurologia, o técnico inglês ainda prognosticou para Brasília: "Dois terços da população viverão em quadras

"Faria tudo outra vez. Do mesmo jeito."

Táxi? Só DKW e cinza escuro. Ônibus? "O uniforme [dos motoristas] deverá ser cinza escuro, [com] braçadeiras com as cores da respectiva linha (...) e o quepe, obrigatório". Quanto aos cemitérios da cidade, "terão chão de grama e serão convenientemente arborizados, com sepulturas rasas e lápides singelas, à maneira inglesa, tudo desprovido de ostentação".

Estes e outros detalhes – milimetricamente concebidos, apesar da breviedade do Plano-Piloto – são creditados à troca de definições acerca do futuro da nova capital, que o urbanista Lúcio Costa e os diretores da Novacap tiveram de apreciar, ao longo da construção da cidade.

Tal como outras metrópoles planejadas – Washington, nos EUA; Canberra, naAustrália; Islamabad, no Paquistão –, a capital federal foi concebida visando entronar o poder, a eternidade: "Como capital, Brasília [precisava] ter personalidade própria, uma certa monumentalidade, no sentido bom da palavra", dizia Costa.

Mas, apesar da concepção milimétrica, com o tempo a cidade deixou de espelhar os croquis e as plantas que lhe deram majestade: assim, ao longo dos anos, a arborização das avenidas – apoiada em espécies vegetais como os flamboyants, as espatódias e as sibipirunas – cedeu lugar às plantas de cerrado. Da mesma forma, algumas quadras, de vocação mais popular, acabaram sendo acrescidas ao Plano-Piloto, assim como o setor de casas geminadas. Isso quer dizer que o tempo desfigurou o avião estilizado sobre o qual se assentou o projeto urbanístico da capital?

– Não tem nada de avião, comparou Lúcio Costa, numa de suas últimas entrevistas: "É como se fosse uma borboleta. Jamais foi um avião! (...). Do triângulo da Praça dos Três Poderes – a cabeça da cidade – surgiu a Esplanada para receber esses prédios destinados aos Ministérios".

Da mesma forma, sempre foi mito afirmar que, num rompante de criatividade, o pai de Brasília acordou de madrugada para traçar o esboço da cidade: "Isso é lenda", explicou.

De fato, o urbanista se encontrava no Exterior, quando decidiu participar do concurso público promovido pela Novacap. "Eu estava voltando dos Estados Unidos por mar. Durante a viagem, comecei a me interessar pelo projeto de criar uma cidade nova – uma capital."

Para colocar Brasília no papel, Lúcio Costa não

seguiu modelo externo algum: "Tudo na cidade foi criação, foi tirado da minha cabeça. Não me baseei em nada a não ser na minha formação de arquiteto e urbanista", disse, prevendo, pouco antes de morrer, em 1998, que a capital federal ganharia "cada vez mais conteúdo humano e consistência urbana, firmando-se como legítima capital democrática do País". "Brasilia foi concebida e nasceu como capital democrática e a conotação de cidade autocrática que lhe pretenderam atribuir, em decorrência do longo período de governo autoritário, passará", profetizou.

Filho de um engenheiro naval baiano e de uma amazonense, Lúcio Costa – cujo nome, segundo o Instituto de Arquitetos do Brasil - seção Distrito Federal, é Lucio Marçal Ferreira Ribeiro de Lima e Costa, e se escreve sem acento – nasceu na cidade francesa de Toulon, em 1902, e viveu na Inglaterra e na Suíça, durante a Primeira Guerra Mundial. Em 1918, aportou no Brasil, onde o pai, sem consultá-lo, o matriculou na Escola Nacional de Belas-Artes – "e deu início a tudo".

Doutor *honoris causa* pela Universidade de Harvard desde 1960 e sócio honorário de instituições de renome internacional, como a Académie d'Architecture Française e o Royal Institute of British Architets, iniciou sua parceria com Oscar Niemeyer em 1938, ao trabalhar com ele no projeto do pavilhão brasileiro da New York World´s Fair.

Apesar da longa convivência, Lúcio Costa não divide a paternidade da criação da capital com ninguém – nem mesmo com o renomado arquiteto. "Eu criei a cidade, o projeto é meu!", defendia-se. "Eu comecei pelo princípio: a capital são os três poderes. De modo que essa cidade teria que ser caracterizada, de nascença, por essas circunstâncias, de ser a capital da República. E, hoje, todo mundo conhece a Praça dos Três Poderes, formada por um triângulo equilátero, equivalente, porque os poderes são independentes e, teoricamente, autônomos", sustentava, lembrando que nem mesmo o presidente da República, JK, deu palpite no seu trabalho: "Juscelino deu todo o apoio ao meu projeto e foi o melhor presidente do Brasil".

Outros chefes de Estado conheceram o urbanista: das mãos de Georges Pompidou, ex-presidente da França, Lúcio Costa recebeu a maior honraria do governo, a Legião de Honra, no grau de "commandeur", nos anos 70. A convite do governo italiano, participou das discussões visando traçar um futuro urbanístico à cidade de Florença, vítima de inundação em 1964. Nos Estados Unidos, foi convidado para esboçar o projeto de uma biblioteca em memória de John Kennedy.

A despeito do bom trânsito entre as altas esferas do poder, Costa se manteve revolucionário e sonhador até a morte: "Apesar do nome de cozinheira que diziam ter Brasília, se tivesse a chance de [criá-la] novamente (...), faria tudo outra vez. Do mesmo jeito".

ou unidades urbanas envoltas por faixas arborizadas. Há uma disciplina urbana geral e ordem na disposição. As quadras podem ser construídas separadamente, e, se algumas forem deixadas vazias, nos primeiros anos da cidade, ainda assim não parecerão um deserto. Cada setor da cidade tem seu lugar certo e um setor leva naturalmente, e de maneira muito imaginativa, ao setor seguinte".

Quem viveu, viu.

E JK, que não era homem de perder o sorriso, chorou

Quando Juscelino chegou à Praça dos Três Poderes, às 23:35, o prédio do Supremo Tribunal Federal pulsava luz na noite. Dois poderosos holofotes do Exército varriam com seus fachos os rostos da multidão que se comprimia ao lado do altar e, lá fora, a cidade permanecia inerte sob o manto de uma espessa escuridão.

Coberta de mármore branco e um piso acima do nível da praça, a entrada do palácio impunha sobriedade, projetando-se por vários metros além das paredes de vidro do edifício.

Sua imponente marquise abrigava o altar que havia sido montado sob a proteção da cobertura de concreto-armado sustentada por delgadas colunas.

À esquerda, três cardeais brasileiros ocupavam, lado a lado, seus genuflexórios – dom Carlos Carmelo de Vasconcelos Mota, de São Paulo, dom Jayme de Barros Camara, do Rio de Janeiro, e dom Álvaro Augusto da Silva, da Bahia. Outras autoridades eclesiásticas, entre elas o nún-

Missa de inauguração da capital federal: e o presidente chorou.

cio apostólico no Brasil, dom Armando Lombardi, enfileiravam-se mais adiante. À direita, o cardeal Cerejeira ocupava um trono ornamentado com rico dossel.

À frente do altar, na própria praça, outros genuflexórios aguardavam ou haviam sido ocupados pelo chefe da nação e sua família, o vice-presidente, os ministros, embaixadores, políticos e convidados especiais.

Assim que JK tomou seu lugar, teve início a missa solene de Ação de Graças por Brasília. Faltavam poucos minutos para a meia-noite e a tão esperada data de 21 de abril de 1960 estava prestes a iniciar uma nova página da História do Brasil.

No altar, o Legado Pontifício instalou o mesmo crucifixo de ferro que frei Henrique de Coimbra havia usado na primeira missa celebrada no ilhéu da Coroa Vermelha, em Porto Seguro, em 26 de abril de 1500 – trazida da Sé de Braga, Portugal, a cruz de Cristo estava de volta ao Brasil, para a grande ocasião.

A celebração da missa começou assim que os ponteiros marcaram meia-noite e dom Helder Câmara, bispo auxiliar do Rio de Janeiro, se incumbiu de explicar aos presentes cada ato da cerimônia.

À revelia daquele núcleo que jorrava civilização e cristianismo, nos arredores, a nova capital ainda cultivava ares de um descampado rebelde. Mas, sob o embalo das vozes do Coral Renascentista de Belo Horizonte, regido pelo maestro Isaac Karabtchewsky, o sertão se curvou diante da imponência do *kyrie da Missa da Coroação*, de Mozart, e, durante o Credo, acompanhado pela Orquestra de Câmara de São Paulo, toda viva alma no Planalto Central se recolheu em prece.

O momento era puro encanto e magia.

De repente, os acordes vibrantes e festivos do Hino Nacional, a cargo da Banda de Fuzileiros Navais, quebraram a circunspecção geral e romperam o silêncio para acompanhar a elevação da hóstia santa. Neste exato momento, as luzes da cidade se acenderam todas de uma só vez – nas ruas, nas residências, nos palácios, nos acampamentos – e Brasília irrompeu das trevas, pronta, feérica, majestosa.

A emoção grudou em todos os presentes e Juscelino, que não era homem de perder o sorriso, chorou.

A cerimônia litúrgica terminou com uma oração do Legado Pontifício, na qual abençoava a nova capital e o povo brasileiro.

Passavam, então, da 24:45, quando o papa João XXIII dirigiu-se ao Brasil diretamente do Vaticano.

Repercutida por vários alto-falantes estrategicamente colocados no palácio, a voz de Sua Santidade ecoou por todos os lugares para expressar, num português comedido, "o maior júbilo para o nosso coração de pai comum (...) [em aproveitarmos] a oportunidade da inauguração da nova capital do Brasil para dirigir ao seu laborioso e generoso povo nossa palavra de bênção e augúrio".

Por fim, o papa encerrou sua alocução, enviando, "de todo o coração", sua bênção "ao querido povo brasileiro, e particularmente ao presidente da República e a todos os técnicos e operários que haviam contribuído, com suas canseiras, para a realização da grandiosa obra".

A brisa fria que naquela hora varria o Planalto Central, mal dispersava as últimas palavras do Sumo Pontífice, quando o alegre repicar de um sino

ecoou na noite – era o mesmo velho sino que havia anunciado, na antiga Vila Rica del Rey, a morte do alferes Joaquim José da Silva Xavier, naquele ano de 1793.

Trazido de Ouro Preto, juntava-se agora ao concerto de vozes que davam vida à nova capital – tal como Tiradentes havia um dia sonhado.

Para aquele mesmo dia, a agenda oficial de inauguração da nova capital ainda previa a cerimônia de instalação da Arquidiocese de Brasília, na qual tomaria posse o primeiro arcebispo da cidade, dom José Newton. Inicialmente programada dentro da Catedral, a solenidade acabou sendo realizada do lado de fora, num barracão, uma vez que o cronograma de obras estava atrasado.

Mais tarde, precedido de batedores e acompanhado de uma fila de veículos nacionais – os chamados JK, que conduziam altas personalidades da República –, o carro do presidente tomou o caminho da Praça dos Três Poderes e deteve-se diante do Palácio, onde estava sendo aguardado pelo vice-presidente João Goulart, o presidente da Novacap, Israel Pinheiro, familiares, candangos e jornalistas do mundo inteiro.

Apressado, Juscelino dirigiu-se ao parlatório que dominava a praça e, de braços abertos, foi ovacionado pelo povo. De Israel Pinheiro, recebeu a Chave da Cidade – peça em ouro maciço, com cerca de 20 centímetros de comprimento, que coroava o cumprimento da missão – e do seu sonho. Em troca, JK ofereceu-lhe o "Livro de Ouro", que trazia o nome de todos os que haviam ajudado a construir Brasília e a Grã-Cruz da Ordem Nacional do Mérito.

Um breve discurso de improviso e o presidente seguiu para o Congresso

Pronunciamento do chefe da nação na inauguração de Brasília: sonho realizado e missão cumprida.

Nacional, onde, novamente, um interminável cortejo de automóveis e uma multidão em êxtase o aguardavam.

Ali, uma comissão de parlamentares havia sido designada para conduzi-lo ao gabinete do deputado Ranieri Mazzilli, presidente da Câmara, mas por causa da confusão, os integrantes do grupo se perderam.

O incidente acabou provocando a primeira troca de farpas entre políticos, em Brasília: subitamente diante de JK, o deputado José Bonifácio de Andrada, da UDN – maior partido da oposição – e primeiro secretário da Câmara, se viu então obrigado, meio a contragosto, a conduzir o chefe da nação ao gabinete de Mazzilli.

Ao vê-los entrando pela porta lado a lado, este se rejubilou e pediu ao deputado da oposição que abraçasse o presidente.

– Abraço, sim. Sou amigo de Juscelino. Nossas diferenças são apenas políticas e, se não melhoram, é porque ele nos pregou esta peça, respondeu José Bonifácio.

A peça a que se referia, claro, era a construção da capital.

Numa alusão a outro José Bonifácio de Andrada – o patriarca do deputado –, JK então respondeu, sem perder o sorriso nem a malícia:

– Quem lhe pregou esta peça, Zezinho, não fui eu. Mas seu avô.

Oscar Niemeyer, o poeta que libertou a linha do concreto armado

"Gosto do meu país; das suas grandezas e misérias; do Rio, das suas praias e montanhas; dos cariocas, tranqüilos e desinibidos, como se a vida fosse justa, e eles a desfrutavam sem discriminação. Como gosto deste país imenso! Do Norte ao Sul. Dos mais abandonados a fugirem da seca, sem casa nem comida, marcados pelo desespero; dos meus irmãos favelados, a ocuparem os morros com suas revoltas. Como tento desculpá-los quando a vida os transforma e a justiça dos homens os cerca implacável."

O autor destes versos livres – quem diria – é um artesão do cimento e do concreto armado, um poeta que canta a sensualidade da linha curva, vadia na sua plena liberdade de ser, ébria de beleza – Oscar Niemeyer, um dos artistas de Brasília.

Disse ele, certa vez: "Não é o ângulo reto que me atrai / nem a linha reta, dura, inflexível / criada pelo homem / o que me atrai é a curva livre e sensual / a curva que encontro nas montanhas / do meu país / no curso sinuoso dos seus rios / nas ondas do mar / nas nuvens do céu / no corpo da mulher preferida / de curvas é feito todo o Universo / O universo curvo de Einstein."

Nascido no Rio de Janeiro, em 1907, este filho da Rua Passos Manuel, Laranjeiras – "rua que mais tarde recebeu o nome do meu avô Ribeiro de Almeida, então ministro do Supremo Tribunal Federal; rua íngreme, tão íngreme que até hoje me espanta como a corríamos de cima para baixo jogando futebol" – escoltou seu talento na liberdade de expressão e libertou, a partir dos anos 42-44, a arquitetura brasileira de seus pesados grilhões.

Com o conjunto arquitetônico da Pampulha, Minas Gerais – obra que lhe encomendou o amigo Juscelino Kubitschek, a quem conheceu, em 1940, no exercício da prefeitura, em Belo Horizonte –, Niemeyer deu novo paradigma à originalidade plástica, transmitindo-lhe leveza e originalidade.

Era este o primeiro passo em direção à nova capital do Brasil – e uma ruptura com os velhos padrões: "A Igreja de São Francisco, na Pampulha, era um protesto que eu levava como arquiteto, de cobri-la de curvas, das curvas mais variadas; essa intenção de contestar a arquitetura retilínea que então predominava".

Paralelamente, e quase na mesma época, Niemeyer conheceu Le Corbusier – fato que

aguçou ainda mais seu espírito irrequieto e o afastou definitivamente da "arquitetura comercial que vemos aí" – e se associou ao urbanista Lúcio Costa, projetando com ele, em 1939, uma primeira obra: o Pavilhão do Brasil na Feira Mundial de Nova York.

A carreira deste ex-aluno da Escola Nacional de Belas-Artes do Rio de Janeiro, filiado ao Partido Comunista Brasileiro desde 1945, ia de vento em popa – em 1951 projetou os conjuntos do Ibirapuera e do Edifício Copan, em São Paulo, e três anos depois viajou pela primeira vez à Europa, para participar do projeto para reconstrução de Berlim –, quando, inesperadamente, o projeto de criação de uma nova capital federal para o Brasil irrompeu sobre sua mesa.

Encarregado pelo então presidente JK de organizar o concurso para a escolha do Plano-Piloto da cidade e integrar a comissão julgadora, em 1956, Niemeyer decidiu então implodir de vez o modelo racionalista e arcar com o peso da monumentalidade a que se propunha: "Quando uma forma cria beleza, tem na beleza sua própria justificativa" – defende-se, revertendo conceitos e desmanchando padrão. "A monumentalidade nunca me atemoriza quando um tema mais forte a justifica. Afinal, o que ficou da arquitetura foram as obras monumentais, as que marcam o tempo e a evolução da técnica. As que, justas ou não sob o ponto de vista social, ainda nos comovem. É a beleza a se impor na sensibilidade do homem".

Uma atrás da outra, suas obras deram forma e conteúdo à nova sede do poder: o Palácio da Alvorada, pronto em sete meses; a Catedral de Brasília com seus vitrais coloridos, rechaçando a circunspecção do pecado; o Congresso Nacional e o sentimento de equilíbrio e justiça que sugere; a Praça dos Três Poderes, inimitável...

Depois de Brasília, banido do país pelo governo militar que tomou poder em 1964 – "Lugar de comunista é em Moscou", teria dito à imprensa, certa vez, o então ministro da Aeronáutica –, Oscar Niemeyer não precisava fazer mais nada, não fosse a sede da Editora Mondadori, na Itália (1968), o Memorial da América Latina, em São Paulo (1988), o Monumento Eldorado Memória, doado ao Movimento dos Trabalhadores Rurais Sem-Terra (1996), a Residência em Oslo,

Noruega; o Acqua City Palace de Moscou, na Rússia, e tantas outras obras que vieram a seguir. "Na arquitetura" – explicaria mais tarde – "debrucei-me por toda a vida. Foi o meu *hobby*, uma das minhas alegrias, procurar a forma nova e criadora que o concreto armado sugere. Descobri-la, multiplicá-la, inseri-la na técnica mais avançada, criar o espetáculo arquitetural". Sem dúvidas, cada uma de suas obras expressa com eloquência este esforço. E evoca, em nome do arquiteto, o que nenhum poeta saberia dizer.

A seguir, algumas reminiscências do homem que criou, no cimento e no concreto armado, um poema em forma de cidade*.

Entre a Brasília maquete arquitetônica e a Brasília sede e exercício do poder, o que se perdeu, na sua opinião?

Niemeyer: Comparar uma cidade projetada com a cidade já construída – transformada em sede de poder – é, para os que a projetaram, motivo de muita decepção. E para os que sobre ela escrevem, um campo favorável às críticas positivas ou negativas que sempre ocorrem. Eu prefiro lembrar como a cidade foi feita às pressas – quatro anos apenas –, isolada de tudo, e nós nem tínhamos um programa, nem nada. Se o tempo curto demais nos deveria levar a uma arquitetura mais simples, foi corajosamente para uma arquitetura mais criativa e diferente que caminhamos.

Sobre Brasília prefiro contar que os que moram na nova capital estão sempre a afirmar que nunca de lá sairão. É claro que algumas coisas podem explicar essa atitude. O Plano de Lúcio [Costa], as residências ligadas diretamente às escolas e ao comércio local – um conforto que em outras cidades não existe. O clima saudável, o céu que parece maior sobre o imenso planalto. E o povo orgulhoso, vendo que os que visitam a cidade, aos milhares, gostam de sua arquitetura tão diferente, surpresos como foi possível construí-la em tão pouco tempo.

Como percebe o peso da rotina urbana sobre o seu ideal de construir uma cidade de linhas soltas? Acha que a burocracia da administração pública e os problemas inerentes a toda cidade grande macularam a poesia do seu traçado?

N: Essas perguntas deveriam ser diridas a Lúcio Costa, que do Plano-Piloto de Brasília tão bem

ocupou. Estou certo de que de algumas coisas ocorridas ele reclamaria: dos espaços vazios que criou e que depois foram ocupados. Das cidades-satélite que cresceram, desordenadamente, nos limites do Plano-Piloto, criando esse vaivém de pessoas que nelas moram e trabalham em Brasília. Das mudanças de programa, que interferiram no urbanismo e na própria arquitetura, ampliando, de um momento para outro, áreas construídas, como ocorreu com os blocos dos Ministérios.

Se Brasília tivesse de ser reconstruída, à luz dos seus conhecimentos atuais, faria tudo igual?

N: Sobre minha mesa de desenho eu trabalharia com o mesmo empenho, com o mesmo entusiasmo daqueles velhos tempos. E a vontade de fazer coisa diferente permaneceria.

Se pudesse "retocar" a cidade, o que faria?

N: Eu acho que a arquitetura deve ser preservada como originalmente concebida, o que infelizmente não ocorre entre nós. Se você olhar hoje o arco que caracteriza o Sambódromo que projetei no Rio de Janeiro, verá que o César Maia mandou nele colocar uma propaganda da Prefeitura. Não respeitou o direito ao autor nem a arquitetura da cidade.

Um dia aconteceu comigo em Paris qualquer coisa que nunca mais se repetiu na minha vida de arquiteto. A sede do Partido Comunista Francês estava pronta e o secretário-geral do Partido me convocou: "Oscar – disse-me ele –, a sede está concluída, muito bonita. Gostaria de saber se você permite que eu leve para o meu gabinete uma mesa, uma velha mesa que me acompanha a vida inteira". Como isso contrasta com a atitude desrespeitosa de alguns políticos brasileiros!

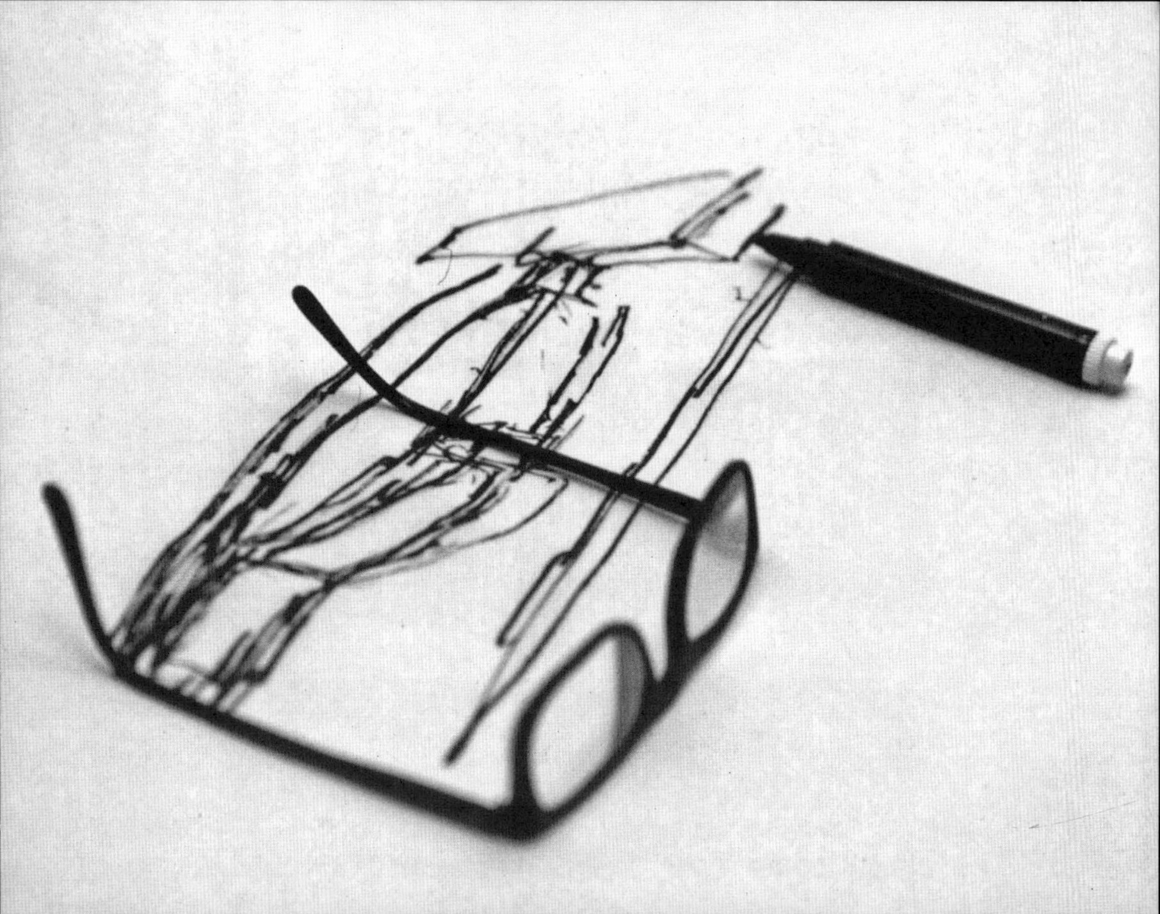

Que outras cidades do mundo, depois de Brasília, exerceram algum tipo de fascínio sobre o senhor?
N: Quando o Prefeito do Havre me levou para ver o local, junto ao mar, onde queria construir uma grande praça, eu logo lhe disse: "Vou projetá-la quatro metros abaixo do nível das ruas." Ele me atendeu, e lá está a grande praça do Havre já

N: JK foi um presidente cheio de entusiasmo e patriotismo e isso deveria servir de exemplo aos demais e acontecer sempre.

Ao fazer uma avaliação do que Brasília é hoje, o sr. se sente orgulhoso ou desapontado?
N: Brasília foi o sonho predileto de JK. E isso

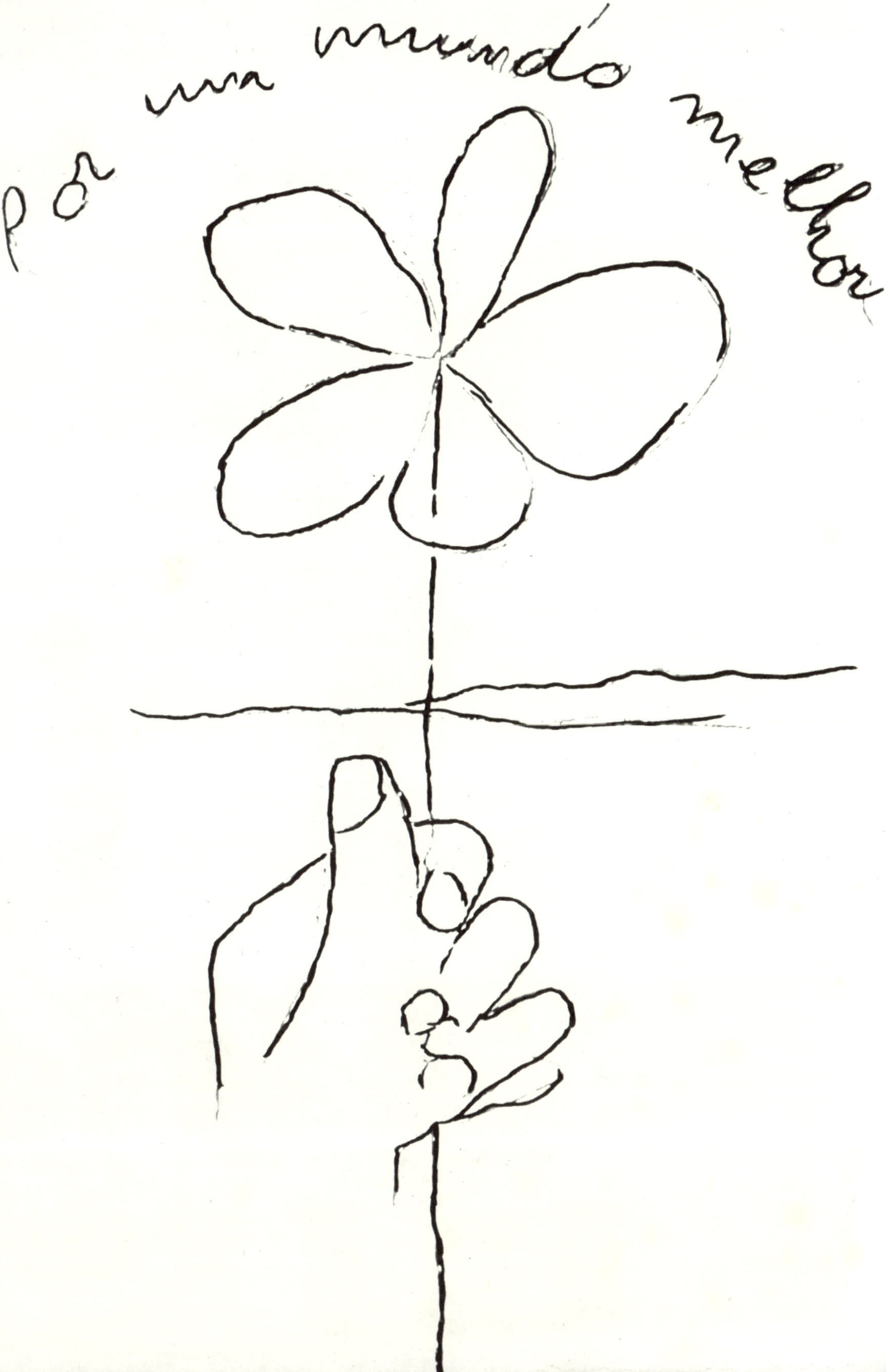
pô uma mundo melhor

TEMPOS DE DESENCANTO

capítulo 5

Os inimigos de JK não se esqueceram dele nem mesmo depois que ele passou a faixa presidencial ao seu sucessor. Candidato natural a uma reeleição, havia provado, ao longo do seu mandato, que "um governo forte se faz perdoando" – e por isso não teve misericórdia: foi perseguido até mesmo depois do implacável exílio que o manteve longe do País por 976 dias.

Conchavos articulados no Exterior com seus mais ferrenhos desafetos – Carlos Lacerda, em particular – revelaram um pouco mais sobre este homem de natureza tão controvertida: houvesse o que houvesse, estaria sempre pronto a dialogar com políticos de todas as envergaduras, dos mais diversos matizes, pelo bem da nação. E é justamente isso que mais assustava a direita e a esquerda: muito além das ideologias, o que movia JK era o idealismo em relação ao Brasil.

Acuado cada vez no tabuleiro político nacional, fez passagem pelo Congresso Nacional, foi obrigado a abandonar o país às pressas e, mais tarde, de volta, adquiriu terras em Goiás: pretendia ser fazendeiro no Centro-Oeste, onde a terra é fértil, sim, senhor! Mais que tudo, porém, da varanda da sua "Fazenda JK", onde passou a assistir ao curso da História, deixou-se envenenar aos poucos pela truculência do regime militar e o descarrilar da legalidade.

O auto-exílio bucólico ao qual se entregou culminou com um acidente que ganhou ares de atentado e jamais foi elucidado. Como herança, porém, JK deixou uma frase que lembra um epitáfio: "Não me arrependo do que fiz, não me arrependo de ter levado em consideração o interesse de preservar o nosso dia de amanhã, o futuro da Pátria Brasileira".

Jânio Quadros: imimigos à direita e à esquerda em tempo-recorde.

O homem da vassoura varrido da política

As eleições de 1960 consagraram o candidato da União Democrática Nacional (UDN), Jânio Quadros, presidente da República com esmagadora maioria de votos.

Frustrado na tentativa de eleger seu sucessor – o marechal Lott –, não restou alternativa a JK senão comparecer à cerimônia de transmissão do cargo realizada em Brasília, em 31 de janeiro de 1961, com dois discursos no bolso: no primeiro, o político mineiro tinha redigido, na ponta do lápis, uma resposta à altura das acusações de corrupção que Jânio poderia lhe dirigir. No outro – caso o presidente eleito observasse uma postura de conciliação –, Juscelino apenas lhe desejaria bom governo.

Em seguida, viajaria para a Europa.

A estratégia, no entanto, atendia aos desígnios daquele breve instante: de resto, Jânio tinha pela frente cinco longos anos para minar as pretensões políticas de seu desafeto.

JK estava tão convicto de que seria hostilizado – e seu governo vasculhado por uma implacável devassa –, que tratou de negociar um mandato legislativo antes mesmo de deixar o poder. Assim, embora não fosse temporada eleitoral, o senador Taciano Gomes de Melo, do PSD de Goiás, foi convencido a renunciar à sua cadeira, abrindo uma vaga que seria disputada em eleição complementar, meses mais tarde, pelo próprio JK e pelo candidato de Jânio Quadros – Wagner Estelita Campos, do PDC (Partido Democrata Cristão).

Juscelino se elegeu com folga para o cargo – 146.366 votos contra 26.800 do concorrente – e, a partir de 3 de outubro de 1961, cumpriu aquele que seria seu último mandato. Em troca pelo seu gesto político, Taciano Gomes de Melo foi nomeado ministro do Tribunal de Contas do Distrito Federal.

Como senador por Goiás, JK manteve o dinamismo de sempre, apesar de suas constantes viagens. Ainda no ano de 1961, foi convidado a assumir a presidência do seu partido, o PSD – mas declinou da indicação, uma vez que desejava se dedicar à disputa pela presidência da República, em 1965. Igualmente, tentou recusar o convite da OEA (Organização dos Estados Americanos) para ocupar o cargo de coordenador da Aliança para o Progresso – desdobramento da Operação Pan-americana, idealizada por ele próprio durante o seu governo para melhorar a qualidade de vida na América Latina –, mas não conseguiu.

Na verdade, sua volta ao Palácio do Planalto era tida como certa e seu nome se impunha como candidato natural ao pleito. As pesquisas lhe davam quase 60% da preferência dos eleitores, e em todo o Brasil já se falava em "JK-65" e em "5 anos de agricultura para 50 de fartura" – o novo *slogan* de sua campanha.

Enquanto Juscelino costurava alianças, Jânio Quadros, no comando do país, não demorava muito para se indispor com as forças políticas que o haviam instalado no poder, graças a uma composição de legendas partidárias.

À conservadora UDN, ele desagradou ao colocar em prática uma política externa de franca independência em relação aos Estados Unidos. Não bastasse, o presidente recém-empossado já arrastava uma asa pelos regimes comunistas de Cuba e da União Soviética.

Entre os militares, Jânio também provocou descontentamento ao distinguir uma condecoração a Ernesto Che Guevara, ministro da revolução cubana. Os partidos da situação, por sua vez, eram obrigados a travar uma verdadeira queda-de-braço com o líder do Executivo: desprestigiados, ouviam do presidente queixas quanto à relutância do Legislativo em aprovar suas decisões. Cada vez mais isolado, o chefe da nação não poupou sequer seus ministros, com quem se comunicava através de bilhetinhos não raras vezes arrogantes, ou os funcionários públicos, a quem pretendeu impor um traje de trabalho que ele próprio havia adotado – o chamado *slack*, espécie de farda de mangas curtas que usou até o último dos seus dias.

A todas estas intempéries emocionais e rompantes de humor somam-se outras decisões que em nada ajudaram a consolidar a popularidade do novo governo – a proibição do biquíni e do lança-perfume, da briga de galo e das corridas de cavalo nos dias de semana. E foi assim que a denúncia das intenções golpistas do presidente – que estaria determinado a se livrar dos partidos políticos e do Legislativo –, feita pelo antigo aliado Carlos Lacerda, governador da Guanabara, em canal de televisão, no dia 24 de agosto de 1961, soou como um verdadeiro tiro de misericórdia para Jânio.

No dia seguinte, ele encaminhou ao Congresso uma carta-renúncia e aguardou a reação popular, que – acreditava – o devolveria à presidência da República, desta vez muito mais fortalecido.

"Não farei nada para voltar, mas considero minha volta inevitável", chegou a prever diante de auxiliares na base aérea de Cumbica, São Paulo.

As *forças* ocultas assumem o comando

Teor da carta-renúncia que Jânio Quadros encaminhou ao Congresso Nacional:
"Nesta data, e por este instrumento, deixando com o ministro da Justiça as razões do meu ato, renuncio ao mandato de presidente da República.
Fui vencido pela reação e assim deixo o governo. Nestes sete meses cumpri o meu dever. Tenho-o cumprido dia e noite, trabalhando infatigavelmente, sem prevenções, nem rancores. Mas baldaram-se os meus esforços para conduzir esta nação, que pelo caminho de sua verdadeira libertação política e econômica, a única que possibilitaria o progresso efetivo e a justiça social, a que tem direito o seu generoso povo.
Desejei um Brasil para os brasileiros, afrontando, nesse sonho, a corrupção, a mentira e a covardia que subordinam os interesses gerais aos apetites e às ambições de grupos ou de indivíduos, inclusive do exterior. Sinto-me, porém, esmagado. Forças terríveis levantam-se contra mim e me intrigam ou infamam, até com a desculpa de colaboração.
Se permanecesse, não manteria a confiança e a tranqüilidade, ora quebradas, indispensáveis ao exercício da minha autoridade. Creio mesmo que não manteria a própria paz pública.
Encerro, assim, com o pensamento voltado para a nossa gente, para os estudantes, para os operários, para a grande família do Brasil, esta página da minha vida e da vida nacional. A mim não falta a coragem da renúncia.
Saio com um agradecimento e um apelo. O agradecimento é aos companheiros que comigo lutaram e me sustentaram dentro e fora do governo e, de forma especial, às Forças Armadas, cuja conduta exemplar, em todos os instantes, proclamo nesta oportunidade. O apelo é no sentido da ordem, do congraçamento, do respeito e da estima de cada um dos meus patrícios, para todos e de todos para cada um.
Somente assim seremos dignos deste país e do mundo. Somente assim seremos dignos de nossa herança e da nossa predestinação cristã. Retorno agora ao meu trabalho de advogado e professor. Trabalharemos todos. Há muitas formas de servir nossa pátria."

Brasília, 25 de agosto de 1961.
Jânio Quadros

"Dentro de três meses, se tanto, estará nas ruas, espontaneamente, o clamor pela reimplantação do nosso governo."

Longe de São Paulo, porém, uma eminência política mineira – o deputado da oposição e ex-ministro de JK, José Maria Alkmin – articulava com imbatível destreza a pronta aceitação da renúncia do governo. E, passados sete meses de sua posse, naquele mês de agosto, Jânio Quadros só fez chorar em Cumbica.

Os anos de terror rugem no Brasil

Com o afastamento de Jânio da presidência, quem deveria assumir o governo era o vice, João Goulart. Mas este se encontrava em viagem pela China como integrante de uma delegação comercial brasileira. Por isso, na ausência dele, o presidente da Câmara, deputado Pascoal Ranieri Mazzilli, foi empossado.

Em breve, porém, uma nota assinada pelos três ministros militares – vice-almirante Sílvio Heck, marechal Odílio Denys e brigadeiro-do-ar Gabriel Grün Moss – dava ao conhecimento da nação a decisão das Forças Armadas de impedir a posse de Goulart, considerado herdeiro político de Getúlio Vargas, fato que precipitou a chamada Crise da Legalidade.

Imediatamente, JK se manifestou a favor da posse do vice-presidente da República: era legalista e temia surpresas institucionais que pudessem interferir no seu caminho de volta a Brasília, em 1965. Da mesma forma, o governador do Rio Grande do Sul, Leonel Brizola – cunhado de Goulart –, declarava-se pronto à luta armada em nome da Constituição. Alinhado com eles, o comandante do III Exército, general José Machado Lopes, chefiava as maiores tropas do país.

O clima de tensão só acabou desanuviando diante da decisão de se aprovar uma emenda constitucional que implantasse o parlamentarismo no Brasil – de volta ao país, João Goulart pôde finalmente tomar posse em 7 de setembro de 1961, e o deputado Tancredo Neves, do PSD de Minas Gerais, assumiu a chefia do gabinete parlamentar.

O novo regime nascera com os dias contados – não agradou e, no início de 1963, um plebiscito trouxe de volta o presidencialismo.

Um ano depois, em 19 de março, uma convenção do PSD homologava a candidatura de Juscelino à presidência da República, com esmagadora maioria. Bem antes, porém, JK já havia alinhavado sua plataforma política: seu lema – "5 anos de agricultura, 50 anos de fartura" – preconizava "a integração do campo na maturidade do desenvolvimento brasileiro" e apresentava um programa não mais com 31 metas, mas com 60.

Restava, portanto, apenas saber agora qual seria o desfecho do governo João Goulart e como se daria a grande orquestração rumo à sucessão presidencial.

O que se viu, no entanto, foi o descarrilar da legalidade no Brasil. A direita, que já havia tentado brecar a posse de Jango em 1961, estendia seus tentáculos cada vez mais e o cenário político nacional começava a cheirar a golpe: de um lado, um presidente fraco, incapaz de conter a crescente radicalização da esquerda, que clamava por "reformas de base" – em especial a reforma agrária; de outro, alas conservadoras descontentes com a

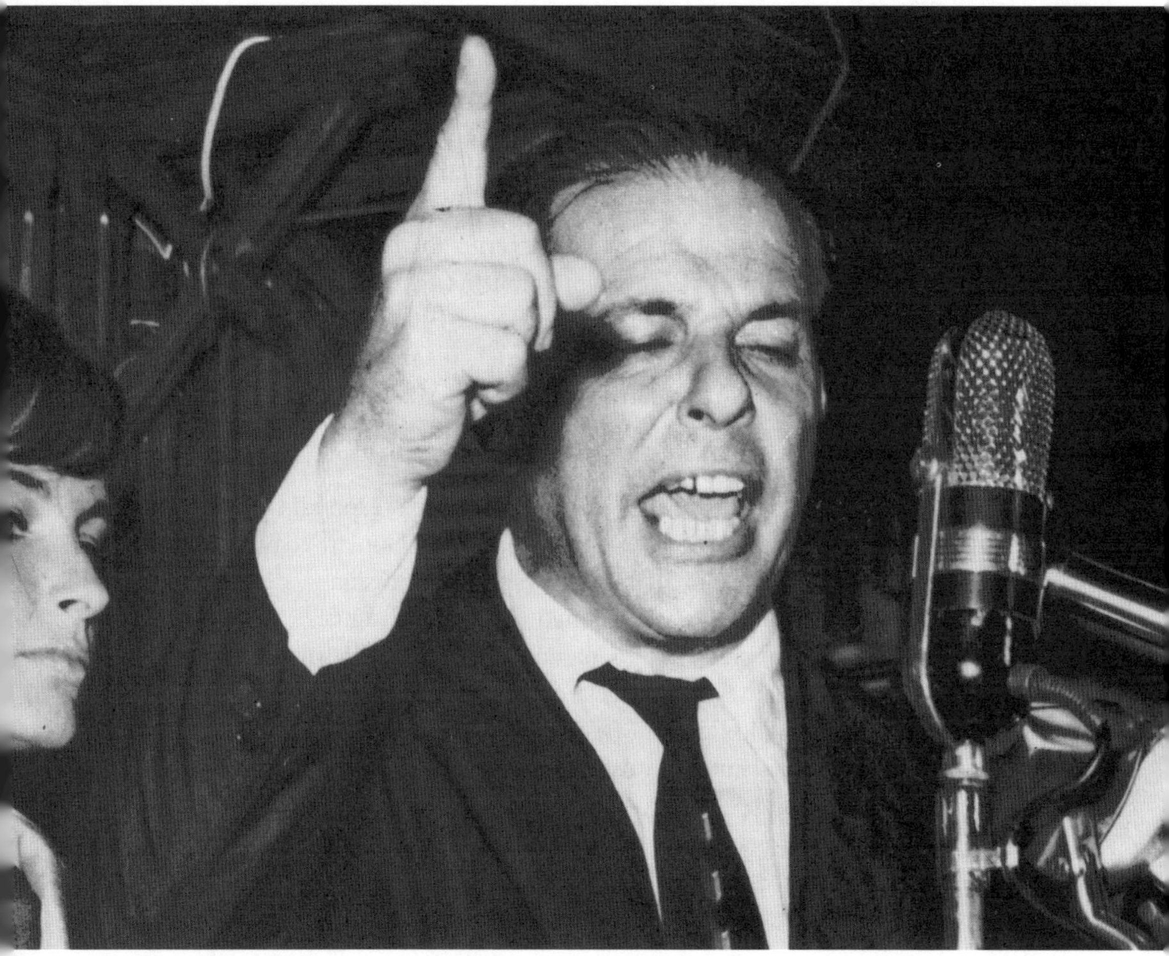

Setembro de 1961: enfim, João Goulart tem permissão para governar.

situação política e econômica vigente, às quais se juntavam, aos poucos, fatias de uma classe média fragilizada diante do aumento da inflação, empresários e simpatizantes da ideologia norte-americana. E, para confundir um pouco mais o tabuleiro das forças políticas e sociais, uma certa inquietação nas casernas, onde a quebra da hierarquia e os atos de indisciplina se multiplicavam dia após dia.

Assim, a resposta dos adversários do governo ao chamado "comício da Central da Brasil" – no qual Jango anunciou, no Rio, medidas concretas visando "reformas de base", em 13 de março de 1964 – foi a memorável "Marcha da Família com Deus pela Liberdade", realizada em São Paulo, e o avanço das tropas do comandante da IV Região Militar, general Olímpio Mourão Filho, que saíram de Juiz de Fora em direção ao Rio de Janeiro, em 31 de março.

Na manhã de 1° de abril, o Ministério da Guerra já respondia às ordens do general Artur da Costa e Silva e o presidente João Goulart voava do Rio para Porto Alegre – com uma simbólica escala em Brasília –, de onde, a partir do dia 4, seguiria para um longo exílio no Uruguai. O chefe da nação ainda estava no país quando, na noite de 2 de abril, Auro de Moura Andrade, presidente do Senado, declarou vaga a presidência da República e empossou o deputado Ranieri Mazzilli.

Instituído logo a seguir, o Ato Institucional n° 1 da junta militar que sucedeu a Mazzilli apresentou duas decisões aparentemente contraditórias: confirmou as eleições presidenciais para o dia 3 de outubro de 1965, mas, "no interesse da paz e da honra nacional", suspendeu por seis meses todas as garantias constitucionais e legais.

"Sem as limitações previstas na Constituição, os comandantes-em-chefe que editam o presente ato poderão suspender os direitos políticos pelo prazo de dez anos e cassar mandatos legislativos federais, estaduais e municipais" – rugia o comunicado dos militares. Os anos de terror começavam no Brasil.

"Quem cassou o JK fui eu!"

Fato consumado: o novo presidente da República seria um militar, a ser eleito pelo Congresso Nacional.

Diante disso, só restava ao PSD e ao senador Kubitschek apoiar a candidatura do general Humberto de Alencar Castelo Branco. Afinal, o oficial cearense era um velho conhecido do ex-presidente, que ele, aliás, já havia promovido no passado, por insistência de um amigo em comum, o poeta Augusto Frederico Schmidt.

Em troca do apoio de JK e de outros congressistas do PSD – cujos votos eram indispensáveis para conduzir Castelo Branco à vitória –, o militar se comprometia, naquela mesma reunião do dia 10 de abril, a manter o calendário eleitoral e garantir a posse de quem quer que fosse vencedor em 1965. No dia seguinte, o general era eleito comandante da nação e, dia 15 de abril, assumiu o cargo.

Apesar da faixa presidencial, Castelo Branco não tinha controle total sobre as Três Armas. Depois de se apossar do Ministério da Guerra, o general Costa e Silva – representante máximo da linha dura – pediu a

Castelo Branco e Costa e Silva: nas casernas, o cerco para inibir o "perigo JK".

cabeça de algumas lideranças civis, e insistentemente fez pressão junto ao novo governo.

É dessa maneira que pode ser entendido o conselho dado a JK por um emissário de Costa e Silva, no dia 26 de maio de 1964: ao procurar o ex-presidente no Rio de Janeiro, este lhe pediu "para o bem do Brasil e para seu próprio bem" que desistisse das eleições de 1965. Mas JK não lhe deu ouvidos.

Frustrado na sua iniciativa de afastar JK do cenário político nacional na surdina, Costa e Silva acabou então por abrir o jogo durante um vôo entre São Paulo e Brasília, aconselhando o próprio presidente da República, diante de várias testemunhas: "Seu Castelo, vamos ter de cassar o Juscelino".

O dia 3 de junho de 1964 testemunhou, assim, a formalização do pedido de cassação de JK assinado por Costa e Silva. A despeito das manobras desesperadas do PSD para sustar o andamento do requerimento, ele acabou sendo assinado em 8 de junho de 1964. Divulgado dois dias depois, o ato privava Juscelino de seu mandato como senador e suspendia seus direitos políticos por dez anos.

Em represália, o PSD decidiu retirar-se do bloco parlamentar que dava apoio ao presidente Castelo Branco – mas era tarde demais.

Anos depois, o general Ernesto Geisel, na época ministro-chefe do Gabinete Militar da presidência da República, lembrou que, diante da insistência de Costa e Silva em cassar JK, Castelo Branco tinha ficado numa "situação difícil": "Na verdade, acho que ele não queria cassar o Juscelino. Mas o Costa e Silva ....".

De fato, o mentor do afastamento de JK da vida política nacional se orgulhava muito do que havia conseguido. Certa vez, Tancredo Neves contou que dona Coraci, esposa do então governador de Minas Gerais, Israel Pinheiro, estava confidenciando a Costa e Silva que tinha grande admiração por Castelo Branco, não fosse o fato de ela não perdoá-lo por ter cassado Juscelino, quando, prontamente, o general largou os talheres com os quais saboreava o café da manhã que estava sendo servido no Palácio das Mangabeiras, em Belo Horizonte, e respondeu, taxativamente: "Pois, então, a senhora pode perdoá-lo: quem cassou o JK fui eu!"

Ciente de que seria cassado em poucos dias, Juscelino dirigiu-se aos políticos presentes no Senado, em 3 de junho de 1964, com as seguintes palavras: "Na previsão de que se confirme a cassação dos meus direitos políticos, que implicaria na cassação do meu direito de cidadão, julgo do meu dever dirigir, desta tribuna, algumas palavras à nação brasileira. Faço-o agora, para que – se o ato de violência vier a consumar-se – não me veja eu privado do dever de denunciar o atentado que na minha pessoa vão sofrer as instituições livres. [...] Se me forem retirados os direitos políticos – como se anuncia em toda parte –, não me intimidarei, não deixarei de lutar. [...] Muito mais do que a mim, cassam os direitos políticos do Brasil".

Depois disso, o senador mineiro seguiu de carro para Belo Horizonte e de lá para o Rio de Janeiro, numa viagem atribulada e cheia de percalços.

Na capital carioca, ele pretendia pedir asilo político na embaixada da Colômbia, que ficava na avenida Rui Barbosa. Mas, diante da movimentação de pessoas suspeitas nas vizinhanças, para despistá-las JK entrou no edifício ao lado e saltou o muro, nos fundos do prédio, com a ajuda de uma escada. Foi recebido pelo embaixador colombiano, Dario Botezo.

Ali, o ex-presidente e o embaixador da Espanha, Jaime Alba Delibes – vizinho de Juscelino no prédio onde vivia, na avenida Vieira Souto –, buscaram uma forma de lhe garantir refúgio, mas a Espanha não tinha acordo de asilo político com o Brasil. Depois de muitas diligências junto ao seu governo, por fim, o embaixador espanhol pôde acolher JK.

A cassação do ex-presidente foi anunciada pelo rádio às 20:00 do dia 8 de junho de 1964, no programa *A voz do Brasil*. Imediatamente, centenas de pessoas acorreram ao seu apartamento, em Ipanema, para lhe prestar solidariedade: lacerdistas e juscelinistas chegaram a se confrontar na rua, defronte do edifício onde residia. A polícia precisou intervir. No alto do prédio, todas as luzes permaneceram acesas, noite adentro: correligionários, amigos, parentes e jornalistas disputavam cada centímetro da mansão JK, para poder lhe apertar a mão e lhe dizer adeus.

Apesar do clima de consternação, JK trajava seu costumeiro otimismo: sorridente, deixou-se bajular, abraçar, beijar. Houve até quem quisesse levá-lo às ruas para uma passeata – mas a casa era de mineiros, e dona Sarah e as filhas pacientemente conseguiram dissuadir os mais exaltados.

Cinco dias depois, não sem antes divulgar uma nota à nação na qual exortava "o bravo povo goiano e [...] os brasileiros [para] que não se [deixassem] um só momento impressionar com as calúnias e as mentiras que os inimigos jurados da democracia certamente hão de continuar atirando", JK seguia para Madri, dando início a um exílio que se arrastou por longos 976 dias.

Vida de senador: na agenda de trabalho de JK, compromissos sociais e alianças com homens públicos.

No Aeroporto do Galeão, Rio, onde embarcou com dona Sarah no fim da tarde daquele sábado 13 de junho, a pista de decolagem fervia sob os gritos e os aplausos dos presentes. Transformado em herói nacional, JK era carregado nos ombros e ovacionado pela multidão que cantava o Hino Nacional.

Diante dos ânimos acalorados, sentindo a temperatura política aumentar muito além do seu controle, o comandante da Base Aérea do Galeão, coronel Alfredo Corrêa, resolveu enfrentar o ex-presidente, sacou a arma e ameaçou:

– O senhor imponha a ordem, pare com essa bagunça. Se não....

A resposta enfurecida da multidão em coro – "Gorila, gorila!" – não conseguiu encobrir as palavras sarcásticas que JK dirigiu ao funcionário fardado: "Nada posso fazer, senhor. É o povo".

Comunista? Um sonhador atrás do Cruzeiro do Sul!

"Deixo o Brasil porque esta é a melhor forma de exprimir meu protesto contra a violência." Com estas palavras, JK se despediu do Brasil, em junho de 1964, com destino à Europa.

Enquanto esteve exilado, o ex-presidente perambulou por algumas capitais do Velho Continente – Paris, Lisboa – e também viveu nos Estados Unidos.

Em nenhum lugar se sentiu feliz.

Em 29 de junho de 1964, ao completar duas semanas fora do país, JK confidenciou em carta a um amigo: "Completa, hoje, quinze dias de ausência e parece-me que quinze séculos me separam do Brasil. Sempre detestei morar no estrangeiro, mesmo quando tinha abertas as portas de regresso. O que fizeram comigo só se compreenderia há dois milênios passados, quando, para degradar um cidadão, os romanos lhe retiravam o título de cidadania. Enquanto existir no Brasil uma pessoa, sequer, despojada brutalmente de seus direitos políticos, não se poderá dar a essa farsa o pomposo nome de democracia".

Sua filha, Márcia, contava que ele tinha muitas noites de insônia; temia morrer longe da pátria. "Não posso deixar de confessar que viver fora do país, sem saber quando será possível o regresso, é o castigo mais cruel imposto a um homem que só pensava no Brasil, só estudava o Brasil, só viajava pelo Brasil e em torno de si reunia uma equipe só para adorar o Brasil", chegou a escrever.

"Certa vez", depôs Márcia, "morávamos em Nova York, num apartamento de dois dormitórios, alugado, e eu acordei de madrugada para pegar um copo de água na cozinha. Levei um susto ao ver o papai na sala, às 3:00. Ele tinha aberto a veneziana da janela e estava espiando o céu de Nova York. Eu lhe perguntei: 'O que o senhor está fazendo de pé numa hora dessas?' Abatido, ele me disse: 'Filha, estou procurando o Cruzeiro do Sul" – uma constelação que só se vê no Hemisfério Sul.

Apesar da tristeza constante, JK levava uma vida dinâmica longe de casa: para garantir seu sustento, em Nova York deu palestras e conferências em universidades e instituições; em Lisboa, envolveu-se em atividades empresariais. Em Paris, onde viveu num apartamento alugado de dois quartos, dirigia seu próprio automóvel – um Simca bastante castigado – e pagava pessoalmente as contas. Para atenuar-lhe a saudade, porém, na capital francesa, o acaso o presenteou com uma cozinheira portuguesa que, não só por causa da língua pátria, parecia ter sido escolhida a dedo – seu nome: Diamantina.

Por mais que sofresse, não queria regressar sob o governo de Castelo Branco – que ele havia apelidado de "o monstro". Sua volta ao país se deu, todavia, em 4 de outubro de 1965, à revelia da desaprovação da direção do PSD e sob o jugo de duas intimações para depor em inquéritos policiais militares.

Ao desembarcar no Aeroporto do Galeão, o ex-presidente estava sendo aguardado para o seu primeiro interrogatório. Nos dias que se seguiram, em menos de duas semanas, foi submetido a sessões extenuantes que somaram cerca de 60 horas e chegavam a se arrastar por quase nove horas. Foi nessa oportunidade que a sua saúde começou a apresentar sinais de debilitação.

JK era acusado de corrupção e de ligação com os comunistas. Contra ele pesava também a denúncia de possuir a sétima maior fortuna do mundo. "Esta revolução foi feita contra João Goulart, mas 72 horas depois ela se voltou contra mim", lamentou-se certa vez ao amigo, o editor Adolfo Bloch.

Mas isso não era tudo: Juscelino também estava sendo perseguido pelo governo militar porque, graças ao seu apoio – e, portanto, em conseqüência de sua popularidade –, Francisco Negrão de Lima e Israel Pinheiro

O político exilado, em passeio de barco pelo Sena, na França: tempos de amargura e solidão.

Carlos Lacerda: união com antigo desafeto político viabilizou a criação da Frente Ampla, no Exterior.

haviam conquistado o governo da Guanabara e de Minas Gerais, nas eleições de 3 de outubro. E, para desespero da ditadura, ao desembarcar no Rio de Janeiro, o ex-presidente havia sido recepcionado com uma efusiva manifestação de carinho pela multidão.

Assim, no Brasil ou no Exterior, JK era um uma pedra no sapato do regime de terror. E aos militares só restava a intimidação e a força bruta.

Por isso, em face da sucessão de inquéritos aos quais estava sendo convocado para prestar depoimento e do agravamento do cenário político nacional – turvado, desta vez, pelo decreto do Ato Institucional nº 2, que reabria o ciclo de cassações, extinguia as agremiações políticas e acabava com as eleições diretas para a presidência da República –, Juscelino decidiu ausentar-se de novo do país, em 9 de novembro de 1965.

Ele só voltaria ao Brasil em 4 junho do ano seguinte, para assistir aos funerais da irmã Naná, em Belo Horizonte – e, mesmo assim, mediante autorização especial do governo militar: estava proibido de dar declarações e de receber manifestações, e só podia permanecer no país por 72 horas. Depois disso, tinha de tomar o avião de volta para Nova York.

O segundo semestre de 1966 e o ano de 1967 foram mais generosos com JK: em setembro daquele ano, a imprensa começou a divulgar a constituição de uma frente política – a Frente Ampla – em torno do seu nome, do de Carlos Lacerda, seu principal mentor, e de João Goulart. A política nacional finalmente se articulava em torno de um núcleo de resistência.

De fato, pouco antes, em Portugal, JK havia sido convidado para integrar um movimento de dissidência contra o regime militar. Como estava sendo organizado pelo seu antigo desafeto, Carlos Lacerda, duvidou da seriedade da iniciativa, mas mesmo assim aceitou almoçar com o líder da UDN. Para arrefecer os ânimos – e pelo bem de causa tão justa e necessária – dona Sarah chegou a colocar uma imagem de Nossa Senhora de Fátima debaixo da poltrona onde se sentaria Lacerda.

Bem ou mal, os dois políticos chegaram a um acordo e, em 19 de novembro de 1966, divulgavam a chamada Declaração de Lisboa, na qual afirmavam ter colocado de lado as divergências do passado em nome da firme oposição aos militares. A proscrição da Frente Ampla, em 5 de abril de 1968 – um ano depois do regresso definitivo de JK ao Brasil –, marcaria o fim da vida política do ex-presidente, que passou a se dedicar à área empresarial.

Amargo sabor de uma solidão

O ano de 1967 marcará o retorno definitivo de JK ao Brasil, já sob o governo do general Artur da Costa e Silva. Ao desembarcar no Rio, ele declarou que "só morto" deixaria o país outra vez.

Restabelecido na capital carioca, o ex-presidente da República tinha plena liberdade de movimento, embora estivesse ciente de que poderia ser chamado para depor nos inquéritos em curso. Assim, ainda em 1967, em parceria com seus genros Baldomero Barbará Neto e Rodrigo Pádua Lopes, donos de uma corretora de valores, ele fundou o Denasa, um banco de investimentos à frente do qual permaneceu como diretor-presidente do conselho administrativo até 1975, quando, em razão da tumultuada separação da filha Márcia, se viu obrigado a desfazer a sociedade.

Encorajado pelo amigo Adolfo Bloch, Juscelino também começou a dar expediente no edifício da Editora Manchete, escrevendo resenhas de livros para a revista *Manchete*. E foi ali mesmo, na praia do Russel, em parceria com o jornalista Carlos Heitor Cony, que ele se debruçou sobre o projeto de alguns de seus livros de memórias.

Enquanto isso, a instabilidade política continuava espreitando lá fora e, em determinado momento, os militares julgaram por bem apertar o cerco mais um pouco: assim, coube ao ministro Luís Antônio da Gama e Silva, da Justiça, esbofetear a nação com seu pronunciamento, naquela noite de 13 de dezembro de 1968, e anunciar em cadeia nacional de televisão o Ato Institucional nº 5 (AI-5) – o "golpe dentro do golpe", a mais implacável mordaça jamais imposta ao povo brasileiro –, que suspendia as garantias individuais e impunha uma longa noite de terror ao país.

O que se viu depois disso ilustra com todas as cores os anos de ditadura no Brasil: as cadeias se encheram de prisões aleatórias, as liberdades foram sumariamente suspensas e muitas vidas, suprimidas. Intelectuais, artistas, ex-sindicalistas, pensadores, mas também políticos – entre eles, o próprio Carlos Lacerda, filho mais ilustre da UDN –, foram perseguidos ou torturados. Diante da truculência do regime, centenas de pessoas se dispersaram no exílio; algumas tomaram o caminho da luta armada.

Naquela mesma noite de dezembro, JK acompanhava como paraninfo uma turma de formandos em engenharia no Teatro Municipal do Rio de Janeiro, quando, na saída, foi abordado por um oficial à paisana. Conduzido até um quartel em Niterói com a roupa do corpo, foi manti-

"Faço hoje, incrivelmente, 72 anos, sinto-me espiritualmente com a idade de 30. Nenhuma ferrugem na alma, nem na vontade. Sinto-me capaz de grandes aventuras, tais como Brasília. Esta graça Deus me conferiu. Se não me permite ver o mundo num halo de esperança, também não me fechou nas trevas da desilusão."

Juscelino Kubitschek

do incomunicável por vários dias num quartinho onde todos os seus movimentos eram observados através de um buraco no teto. Quando finalmente foi libertado e trazido de volta ao Rio, cumpriu mais um mês de prisão domiciliar.

Desiludido com a política, JK rodeou-se de livros e se recolheu na fazenda adquirida na região de Luziânia, Goiás. Distante 67 quilômetros de Brasília, a pequena propriedade de 310 alqueires mineiros foi o retiro onde viveu até o seu último dia.

Alimentando uma relação de amor pela natureza e desgosto perante a vida, ali passava temporadas cada vez maiores, sob pretexto de poder estar perto da capital federal, nos fins de semana, já que os militares faziam uma "pressão branca" para que não voltasse à cidade. "A Fazenda JK está envenenando a minha vida", chegou a anotar em seu diário, em dezembro de 1974. "Devo continuar?"

"Há quase um mês estou na minha solidão da Fazenda JK", relatou à amiga Vera Brant, em 8 de agosto de 1976, exatas duas semanas antes de morrer. "Recolho-me à rede da varanda, afino os ouvidos pelo silêncio das quebradas e leio."

À sua volta, em tudo a fazenda JK lembrava a epopéia de construir Brasília: a casa havia sido erguida a partir de um projeto de Oscar Niemeyer e havia até mesmo uma capela reproduzindo a arquitetura do Palácio da Alvorada.

Segundo Márcia Kubitschek, o maior *hobby* do ex-presidente era conversar com os amigos e passar horas à mesa. Como bom mineiro, não comia sozinho e se vangloriava de fazer uma excelente omelete. "Acordava o

Opção pelo auto-exílio:
o ex-presidente viveu na sua fazenda até a morte, plantando soja e milho.

O bom filho à casa torna: JK numa de suas últimas aparições em Diamantina.

Brasília anos 70: a cidade pronta que o seu idealizador jamais havia visto.

pessoal às 6:00 com um sino trazido de Diamantina e gostava de montar a cavalo e de passear na fazenda em companhia dos netos, a quem queria ensinar a tirar leite de vaca", dizia.

Na terra, Juscelino ainda plantou soja e milho – queria provar que o Centro-Oeste era fértil –, mas a primeira safra de café ele não chegou a ver. Depois de sua morte, a propriedade foi vendida.

Quando Médici assumiu o poder, já nos anos 70, JK se encheu de coragem e protagonizou nova epopéia para visitar Brasília, à revelia da proibição do governo – e para tanto contou com a ajuda providencial de mais uma pane aérea na sua vida: voava de Minas para Anápolis, em Goiás, a bordo de um monomotor Bonanza, quando, não longe da capital federal, o aparelho começou a enguiçar por superaquecimento de óleo. Diante da situação de risco, o piloto pediu permissão para pousar.

Perguntaram quem estava a bordo – e a autorização foi negada. O monomotor teve então de aterrissar em Luziânia, a 67 quilômetros de distância.

Já em terra firme, JK não resistiu à tentação: afinal, havia mais de sete anos que não pisava na capital que ele próprio havia construído.

Não teve dúvidas: colocou na cabeça um chapéu de palha e entrou na cidade na boléia de um velho caminhão, a quem pediu carona na estrada. Visitou o Plano-Piloto, a praça dos Três Poderes, o Palácio da Alvorada, a catedral que ainda não conhecia, depois de pronta. "Senti-me um súdito romano das Gálias que pela primeira vez visita Roma – a Roma do primeiro século, com seus palácios de mármore, sua suntuosidade e sua consciência de centro do mundo civilizado", relatou mais tarde ao jornalista Carlos Chagas.

Projetada para a vida real, a nova capital recebeu a visita de JK poucos anos antes de ele morrer.

Uma vaga na Academia Brasileira de Letras: a única derrota eleitoral que JK teve de amargar na vida.

Em 18 de janeiro de 1972, para surpresa dos militares, o jornal *O Estado de S. Paulo* publicava, então, com requinte de detalhes, a visita do ex-presidente a Brasília na primeira pessoa do singular. O título: "Brasília não vê JK chorar".

Um recorte de jornal com o artigo foi encontrado no bolso do seu paletó no dia do acidente que lhe tirou a vida, em 22 de agosto de 1976.

O mito que ronda as páginas da História

Diante do malogro político, JK desejou candidatar-se à Academia Brasileira de Letras, em 1975, com o livro *Meu Caminho para Brasília*, mas, a exemplo do que já havia acontecido na sua vida pública, os militares o perseguiram também no campo literário.

Assim, pressionaram o presidente da entidade, Austregésilo de Athayde, para que infligisse a JK aquela que seria sua única derrota eleitoral – em troca, o financiamento oficial pleiteado para a construção de um edifício ao lado da sede da Academia, no centro do Rio, em terreno, aliás, doado pelo próprio ex-presidente durante seu mandato, sairia em tempo recorde. Caso contrário, o empréstimo não vingaria.

Apesar do clima de tensão, sondagens indicavam que JK poderia ganhar. No dia 23 de outubro de 1975, porém, ele perdeu a disputa para o escritor goiano Bernardo Élis, por 20 votos a 18. A notícia bateu à porta da casa da sua filha, Maria Estela, onde havia sido preparada uma festa.

"Vamos virar essa página", reagiu, tirando a filha para dançar.

Mais tarde, faria um único comentário público a respeito do caso: "Me venderam por um bloco de cimento". Em seu diário, porém, deu vazão ao ressentimento: "Estou pulverizado por dentro. Pus muita fé na minha eleição. Desejava-a ardentemente, o prestígio que compensasse os imensos dissabores de 1964. [...] Nunca imaginei que a derrota pudesse me ferir tanto".

Dias mais tarde, o próprio Austregésilo de Athayde o convidou para um almoço, no qual pretendia lhe explicar toda a trama urdida. JK se esquivou: "Presidente, sou entendido em matéria de eleições. Quando se perde, não se deve perguntar por quê". Depois, fez prova de extrema cortesia ao comparecer à posse de Bernardo Élis para lhe dar os parabéns.

Paradoxalmente, menos de um ano mais tarde, em 18 de junho de 1976, JK era agraciado com o troféu Juca Pato pela União Brasileira de Escritores – e aclamado intelectual do ano de 1975.

Apesar deste trunfo, em todos os planos, a vida de Juscelino parecia doravante dar numa contramão.

E foi justamente por causa de um alarme falso – um acidente de carro na estrada – que seus amigos e jornalistas foram bater à porta da Fazenda JK – onde não havia sequer telefone –, no dia 9 de agosto de 1976, preocupados com a notícia de sua morte: "Estão querendo me matar, mas ainda não conseguiram", reagiu.

Depois, confidenciou ao deputado Carlos Murilo: "Eles têm muito medo de mim. Democracia neste país, só depois de minha morte".

De fato, o que parecia ser o prenúncio de um trágico final se confirmou, duas semanas depois. Na tarde de 22 de agosto, às vésperas de completar 74 anos, JK foi inesperadamente colhido pela morte, quando o carro em que viajava em companhia de seu motorista Geraldo Ribeiro se chocou contra uma carreta no quilômetro 165 da via Dutra, nas imediações de Resende.

Segundo o inquérito policial, o Chevrolet Opala 1970 em que ia o ex-presidente foi atingido por um ônibus. Desgovernado, atravessou o canteiro central e foi interceptado na contramão por uma carreta.

Transportado para o Instituto Médico Legal do Rio de Janeiro, o corpo de JK foi velado durante toda a manhã do dia 23 de agosto, no saguão do prédio da Editora Manchete, na praia do Russel.

Às 16:00, o caixão desembarcou em Brasília, onde o governo decretou, depois de alguma hesitação, luto oficial: era a primeira vez que um adversário do regime militar recebia tamanha deferência.

Na capital federal, o velório iniciado no Rio prosseguiu na catedral metropolitana. Após a missa de corpo presente, mais de uma vez a multidão quis carregar a urna que os bombeiros insistiam em manter na carreta que a conduziria até o Campo da Esperança, o cemitério de Brasília: "O povo leva! O povo leva!", ouvia-se aos brados.

O cortejo se prolongou por quatro horas, e já eram 23:35 quando o corpo do ex-presidente finalmente baixou à sepultura 35.666, em meio a rostos consternados, soluços e um coro insistente de "Viva JK!" e "Viva a democracia!". Houve ainda quem balbuciasse com emoção algumas estrofes da canção preferida de Juscelino, "Peixe vivo".

Acidente fatal: "Eles têm muito medo de mim. Democracia neste país, só depois de minha morte", chegou a dizer JK.

No cortejo fúnebre, a emoção do Brasil: "O povo leva! O povo leva!"

O túmulo, localizado a poucos metros do engenheiro Bernardo Sayão, um dos integrantes da equipe que construiu a nova capital, e projetado por Oscar Niemeyer – quem diria –, foi revestido com o resto de mármore Carrara que havia sobrado da construção da Catedral Metropolitana de Brasília.

Refeito da perda de um de seus políticos mais carismáticos, o Brasil se entregou a uma exaustiva prospecção sobre as causas da morte do seu ex-presidente. Muitas dúvidas e hipóteses rondaram o mito JK. Houve até quem defendesse a tese de uma conspiração – a mesma que teria matado, num breve intervalo de tempo, não só JK, mas Carlos Lacerda, João Goulart e Orlando Letelier, ministro do presidente deposto Salvador Allende, do Chile.

Indagada por um repórter se a abertura política teria poupado a tempo a vida de Juscelino e o teria trazido de volta à vida política, Márcia Kubitschek respondeu o que todos os brasileiros devem guardar em mente acerca dele: "Meu caro, JK nunca saiu dela".

O menino da lavra de Diamantina

1902

12 de setembro
Nasce em Diamantina, Minas Gerais, Juscelino Kubitschek de Oliveira.

1905

O menino Juscelino começa a ser alfabetizado pela mãe, após a morte do pai.

1914

Entra no seminário diocesano de Diamantina.

1919

É aprovado em concurso para telegrafista dos Correios, em Belo Horizonte.

1921

É nomeado telegrafista-auxiliar e se muda para a capital mineira.

1922

Entra na Faculdade de Medicina de Belo Horizonte.

1927

Forma-se em medicina e começa a trabalhar na profissão.

1930

Faz um curso de especialização em urologia, em Paris, França.

1931

Nomeado capitão-médico do Hospital Militar da Força Pública de Minas Gerais.

30 de dezembro
Casa-se com Sarah Gomes de Lemos.

1932

É destacado para a Zona do "Túnel da Mantiqueira", sul de Minas, durante a Revolução Constitucionalista.

O chamado de uma vocação

1933 | 1934 | 1937 | 1938 | 1940-1945 | 1945-1950 | 1951-1954 | >

1933
Nomeado chefe da Casa Civil de Benedito Valadares, interventor federal em Minas Gerais.

1934
Eleito deputado federal pelo Partido Progressista (PP).

1937
Instituído o Estado Novo: JK perde o mandato e volta à medicina.

1938
Promovido a tenente-coronel da Força Pública e chefe do Serviço de Cirurgia do Hospital Militar.

1940-1945

16 de abril de 1940
É nomeado prefeito de Belo Horizonte.

1945-1950

Outubro de 1945
Deposto Getúlio Vargas, JK é afastado da prefeitura de Belo Horizonte.

Dezembro de 1945
Eleito deputado para a Assembléia Nacional Constituinte. Abandona a medicina.

3 de outubro de 1950
É eleito governador de Minas Gerais pelo PSD.

1951-1954

31 de janeiro de 1951
Toma posse à frente do governo de Minas.

O presidente-furacão

1955

10 de fevereiro É escolhido candidato à presidência da República pelo PSD.

4 de abril JK promete construir uma nova capital.

3 de outubro Eleito presidente da República.

1º de novembro Golpe militar evita posse dos eleitos.

3 de novembro Café Filho sofre ataque cardíaco.

8 de novembro Presidente da Câmara dos Deputados assume o poder.

10 de novembro Ministro da Guerra pede demissão.

11 de novembro Tanques invadem as ruas para garantir a posse dos eleitos. Carlos Luz é deposto.

22 de novembro Congresso aprova impedimento de Café Filho. Vice-presidente do Senado assume até a posse de JK.

1956

31 de janeiro JK toma posse e pede fim do estado de sítio.

Fevereiro Lançado o Plano de Metas sob o slogan "50 anos em 5".

18 de abril Apresentado projeto de lei visando à transferência da capital para o Planalto Central

Setembro Lançado o primeiro miniveículo nacional: a Romi-Isetta.

1957

Fevereiro Tem início a construção da capital federal.

18 de março Aprovado o Plano-Piloto de Lúcio Costa.

17 de junho JK rompe com o FMI.

21 de abril Inaugurada Brasília.

3 de outubro Jânio Quadros eleito presidente da República.

1961

Novo presidente toma posse.

Os anos de amargura

1961

4 de junho
JK é eleito senador por Goiás.

7 de setembro
Com a renúncia de Jânio Quadros, João Goulart assume a presidência.

1964

31 de março
Golpe militar depõe João Goulart.

Abril
Presidente da Câmara dos Deputados é empossado.

8 de junho
Juscelino é cassado e parte para o exílio.

Outubro
Primeira volta do exílio. É intimado a depor.

Novembro
JK exila-se novamente.

1966

4 de junho
Morre a irmã Naná: JK fica no país 72 horas para assistir aos funerais.

Forma-se a Frente Ampla, em torno de JK, Carlos Lacerda e João Goulart.

1967

15 de março
Costa e Silva assume a presidência.

9 de abril
JK volta ao Brasil, após exílio de 976 dias.

1968

Abril
JK abandona definitivamente a política.

Dezembro
JK é preso no Rio e mantido incomunicável.

1972

Compra terras em Goiás e leva vida de fazendeiro.

1975

É derrotado em eleição para a Academia Brasileira de Letras.

1976

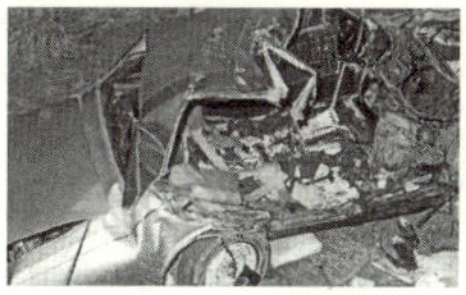

23 de outubro
Morre em acidente na via Dutra, quando viajava de automóvel de São Paulo para o Rio.

EDITORA GLOBO

Copyright © 2005 by Editora Globo S.A. para a presente edição

Coordenadora editorial do projeto e texto: Marleine Cohen
Revisão: Agnaldo Alves de Oliveira

Agradecimento:
Ciro Pirondi e Alzira Hisgail, pelo contato com Oscar Niemeyer

Todos os direitos reservados. Nenhuma parte desta edição pode ser utilizada ou reproduzida – por qualquer meio ou forma, seja mecânico ou eletrônico, fotocópia, gravação etc. – nem apropriada ou estocada em sistema de banco de dados, sem a expressa autorização da editora.

EDITORA GLOBO S.A.
Av. Jaguaré, 1485 – CEP 05346-902
São Paulo, SP, Brasil
www.globolivros.com.br

Dados Internacionais de Catalogação na Publicação (CIP)
(Câmara Brasileira do Livro, SP, Brasil)

Juscelino Kubitschek: o presidente bossa-nova /
[texto Marleine Cohen]. -- São Paulo: Globo, 2005.

ISBN 85-250-4094-0

1. Brasil - História 2. Kubitschek, Juscelino, 1902-1976 I. Cohen, Marleine.

05-8356 CDD-320.092

Índices para catálogo sistemático:
1. Políticos brasileiros : Biografia e obra 320.092

Crédito de imagens

AGÊNCIA O GLOBO
págs. 37, 40, 62, 66, 85, 86, 94, 97, 102, 105, 114, 163, 171, 180, 191, 194, 214, 217, 222, 226, 236, 244, 248, 250, 253, 255, 284, 304, 306

ARQUIVO PÚBLICO DA CIDADE DE BELO HORIZONTE
Coleção José Góes págs. 76 e 78

ARQUIVO PÚBLICO DO DISTRITO FEDERAL
Mario Fontenelle págs. 203, 238, 239;
Odette Mello pág. 254;
págs. 201, 204, 207, 208, 213 (arquivo)

ARQUIVO PÚBLICO MINEIRO
Fundo/Coleção Nelson Coelho de Senna
Raimundo Alves Pinto: pág. 83
(foto antiga do Colégio de Nossa Senhora das Dores)
Fundo Isräel Pinheiro: págs. 221, 224, 228, 232, 247

EDITORA MANCHETE
págs. 2, 8, 12, 69, 70, 88, 90, 106, 108, 110, 126, 130, 136, 149, 151, 157, 159, 175, 176, 178, 241, 262, 283, 288, 290, 292, 298, 302

EDITORA NOVA AGUILAR/LACERDA EDITORES
Documentos Históricos do Brasil (1999)
pág.186 (mapa extraído da obra)

ED. GLOBO
Alexandre Sant'Anna pág. 256; Denise Adams págs. 81, 82, 83, 128; Ernesto de Souza pág. 144; Marcio Saitta págs. 4, 294; Mario C. Filho págs. 296, 297; Miriam Fichtner págs. 257, 259; Ricardo Siqueira pág. 184; Sergio Dutti pág. 6
As demais fotos pertencem ao arquivo.

Fonte das citações

OLIVEIRA, Juscelino Kubitschek de. *Juscelino Kubitschek II (depoimento, 1976)*. Rio de Janeiro, CPDOC, 1979. 77p. dat. Entrevista disponível no Portal do Centro de Pesquisa e Documentação de História Contemporânea do Brasil da Fundação Getúlio Vargas (CPDOC-FGV): www.cpdoc.fgv.br págs. 72, 111, 131, 134, 139, 142, 148, 153.

Depoimentos retirados do documentário *JK: Um Cometa no Céu do Brasil*, de Maria Maia (TV Senado); da biografia *JK, O Artista do Impossível*, de Cláudio Bojunga (Ed. Objetiva); e de *JK, Como Nasceu uma Estrela*, de Carlos Heitor Cony (Ed. Record).
págs. 96, 166, 203